潮汐而动

AI与Web3.0改变的趋势

张则扬 吴少康 G2M ◎ 著

清华大学出版社
北京

内 容 简 介

本书内容关于Web3.0与AI结合。全书共10章，第1章介绍了Web3.0的发展历史，介绍了什么是价值互联网；第2章详细介绍了NFT，即一种非同质化代币，一种数字藏品形态；第3章介绍了元宇宙如何利用区块链技术重塑三维全真空间；第4章详细介绍了网络游戏与Web3.0范式的结合；第5章介绍了DAO，一种海星式的分布式组织形态；第6章介绍了去中心化的金融DeFi，即基于区块链的信用创造；第7章介绍了DID，一种去中心化的互联网链上身份；第8章介绍了SocialFi，通过区块链作为媒介来服务内容保护以及社交；第9章介绍了Web3.0的未来发展，介绍了AI与Web3.0的结合，通过AI赋予Web3.0智能价值；第10章介绍了Web3.0的全球化监管以及未来展望。

本书适合对Web3.0与AI感兴趣的读者阅读，尤其适合想全面了解Web3.0与AI结合等概念的读者。

版权所有，侵权必究。举报：010-62782989，beiqinquan@tup.tsinghua.edu.cn。

图书在版编目（CIP）数据

潮汐而动：AI与Web3.0改变的趋势 / 张则扬，吴少康，G2M 著. -- 北京：清华大学出版社，2025.2. -- ISBN 978-7-302-68075-8
Ⅰ．F49
中国国家版本馆CIP数据核字第2025SF9009号

责任编辑：申美莹
封面设计：杨玉兰
责任校对：徐俊伟
责任印制：宋　林

出版发行：清华大学出版社
网　　址：https://www.tup.com.cn，https://www.wqxuetang.com
地　　址：北京清华大学学研大厦A座　　邮　编：100084
社 总 机：010-83470000　　邮　购：010-62786544
投稿与读者服务：010-62776969，c-service@tup.tsinghua.edu.cn
质 量 反 馈：010-62772015，zhiliang@tup.tsinghua.edu.cn
印 装 者：天津鑫丰华印务有限公司
经　　销：全国新华书店
开　　本：148mm×210mm　　印　张：8.125　　字　数：196千字
版　　次：2025年3月第1版　　印　次：2025年3月第1次印刷
定　　价：49.00元

产品编号：104177-01

序 言

在浩瀚的历史长河中,科技的力量始终是推动人类文明进步的重要驱动力。而今,我们正站在一个前所未有的科技变革时代,区块链、人工智能(AI)以及 Web3.0 等新兴技术的崛起,正以前所未有的速度和广度,深刻地改变着我们的社会、经济和日常生活的方方面面。这些技术不仅仅是工具或手段,更是重塑世界秩序、开启未来新纪元的钥匙。《潮汐而动——AI 与 Web3.0 改变的趋势》一书,正是对这股汹涌澎湃的科技浪潮的深刻洞察与全面展望,它如同一盏明灯,照亮了我们通往未来的道路。

区块链,这一诞生于比特币背后的底层技术,以其去中心化、透明性、安全性和不可篡改性等独特优势,迅速在金融、供应链管理、版权保护、医疗健康等多个领域展现出巨大的应用潜力和价值。它打破了传统中心化系统的局限,实现了数据的分布式存储与验证,从而构建了一个更加公平、透明和高效的价值传输网络。在本书中,作者深入剖析了区块链技术的核心原理、发展历程以及在不同领域的创新应用,展示了它如何从根本上改变我们对信任、价值和权力的认知。

与此同时,人工智能(AI)作为另一项引领时代变革的关键技术,正以前所未有的速度渗透到我们生活的每一个角落。从智能家居到自动驾驶汽车,从智能医疗到金融科技,AI的广泛应用不仅极大地提升了生活品质和工作效率,还推动了产业结构的升级和转型。在《潮汐而动——AI与Web3.0改变的趋势》中,作者详细阐述了AI技术的基本原理、算法模型以及应用场景,并通过丰富的案例分析了AI如何与各行各业深度融合,创造出新的商业模式和价值增长点。此外,作者还展望了AI技术的未来发展趋势,探讨了AI在推动社会进步、解决全球性挑战等方面的重要作用。

然而,区块链与AI的单独发展并不足以完全描绘出未来的全貌。Web3.0的兴起,作为下一代互联网的代表,为区块链和AI技术的融合提供了广阔的舞台。Web3.0是一个去中心化、用户主权的互联网生态系统,它利用区块链技术实现数据的安全存储与传输,同时借助AI技术提升系统的智能化水平和用户体验。在这个生态系统中,去中心化金融(DeFi)、非同质化代币(NFT)、去中心化自治组织(DAO)等新型经济模式和组织形式不断涌现,为未来的金融、数字资产和组织管理提供了全新的可能性和想象空间。

《潮汐而动——AI与Web3.0改变的趋势》一书通过对DeFi、NFT、Web3.0和DAO等前沿技术的深入剖析和生动展示,让我们清晰地看到了这些技术如何相互交织、相互促进,共同推动未来社会的发展和变革。作者不仅详细阐述了这些技术的基本概念、运作机制和应用场景,还通过大量的数据与实例证明了它们在现实世界中的巨大潜力和价值。特别是DeFi领域的发展,它以其开放性、透明性、创新性和效率性为特点,正在逐步重塑传统金融行业的格局和规则。NFT的兴起则为我们打开了数字资产的新世界大门,让艺术、游戏、身份认证等领域焕发出新的生机和活力。而Web3.0

作为这一切的基础和支撑,正在构建一个更加开放、公平、安全和高效的数字社会。

尤为值得一提的是,《潮汐而动——AI 与 Web3.0 改变的趋势》还深入探讨了 AI 在 Web3.0 生态中的核心作用及其与 Web3.0 的协同效应。AI 不仅为 Web3.0 平台提供了强大的数据处理和分析能力,还通过智能合约的自动化执行和优化算法的应用,提升了系统的整体性能和用户体验。同时,AI 在 DAO 治理、市场预测、供需调节等方面的应用也为 Web3.0 生态的可持续发展注入了新的动力。更为重要的是,AI 与 Web3.0 的结合正在推动自主经济体的实现和发展。自主经济体是一种由智能合约和去中心化网络自主驱动的经济系统,它能够自主完成交易、资源分配和管理等任务而无须人为干预。这种经济模式不仅提高了经济活动的效率和透明度,还降低了交易成本和风险,为未来的经济发展提供了新的思路和方向。

此外,《潮汐而动——AI 与 Web3.0 改变的趋势》还关注了技术变革背后的社会伦理、法律监管以及人才培养等重要议题。作者认为技术的快速发展虽然带来了诸多便利和机遇,但也带来了隐私泄露、数据安全、算法偏见等风险与挑战。因此我们需要加强法律法规的建设和完善,加强技术伦理的引导和规范,加强人才的培养和储备,以应对未来技术变革带来的挑战和机遇。

作为作者的好友与同行,我深知他在技术领域的深厚积累和独到见解。《潮汐而动——AI 与 Web3.0 改变的趋势》一书不仅是他多年研究成果和实践经验的结晶,更是他对未来技术发展趋势的深刻洞察和大胆预测。通过本书,读者不仅可以了解区块链、AI 和 Web3.0 等前沿技术的最新进展和动态,还可以从中获得对未来趋势的洞察和启示。无论是对技术爱好者、从业者还是对于未来充满好奇的普通读者,本书都将提供不可多得的价值。

最后，我想用一段话来总结这本书的价值和意义：《潮汐而动——AI 与 Web3.0 改变的趋势》不仅是一本关于技术变革的书籍，更是一本关于未来梦想的书籍。它让我们看到了技术如何改变世界、如何塑造未来，也让我们感受到了科技背后的温度和人性的光辉。愿本书能够激发更多人的思考和想象，启迪更多人的智慧和勇气，让我们共同迎接一个更加美好的未来！

汪扬

香港科技大学副校长

香港 Web3.0 协会首席科学顾问

前言

　　这是一本关于 Web3.0 与 AI 结合的书籍。全书共 10 章，第 1 章介绍了 Web3.0 的发展历史，介绍了什么是价值互联网；第 2 章详细介绍了 NFT，即一种非同质化代币，一种数字藏品形态；第 3 章介绍了元宇宙如何利用区块链技术重塑三维全真空间；第 4 章详细介绍了网络游戏与 Web3.0 范式的结合；第 5 章介绍了 DAO，一种海星式的分布式组织形态；第 6 章介绍了去中心化的金融 DeFi，即基于区块链的信用创造；第 7 章介绍了 DID，一种去中心化的互联网链上身份；第 8 章介绍了 SocialFi，通过区块链作为媒介来服务内容保护以及社交；第 9 章介绍了 Web3.0 的未来发展，介绍了 AI 与 Web3.0 的结合，通过 AI 赋予 Web3.0 智能价值；第 10 章介绍了 Web3.0 的全球化监管以及未来展望。

　　全书由张则扬负责统稿、审核、修改和润色；吴少康先生与 G2M 参与了全书的撰写；其中特别感谢香港科技大学副校长汪扬先生对本书的提序；特别感谢张崎儒、张梓毅对本书内容提供了深度建议；特别感谢北京 METASPACE（五道口、751）提供的相关企业对接访谈方面的帮助。

本书适合对 Web3.0 与 AI 感兴趣的读者阅读，尤其适合想全面了解 Web3.0 与 AI 结合等概念的读者，无论是初学者还是有经验的互联网从业人士，本书都能提供有价值的信息和见解。可以将本书作为参考书，在日常的互联网开发与运营中遇到问题时，随时查阅书中的内容，快速解决问题。

目 录

第 1 章 从莎草纸到区块链——Web3.0 的发展历史

1.1 规律捕捉：信息传播社会发展趋势总结——从 Web1.0 到 Web2.0，再部落化的二次探索 ·· 3
   1.1.1 互联网时代之前：从部落化到集权化——中心化制度的胜利 ····· 3
   1.1.2 互联网 Web1.0 的诞生：媒介的去中心化赋权——从中心化到去中心化的二次转折点 ·· 6
   1.1.3 Web2.0：媒介赋权的深度尝试——移动互联网的开拓 ··········· 9

1.2 痛点分析：Web3.0 之前——中心化的网络出现了什么问题 ·· 11
   1.2.1 不可避免的单点故障 ·· 11
   1.2.2 中心化的数据垄断危机 ··· 12
   1.2.3 个人数据主权的保护失效 ·· 13
   1.2.4 信息茧房与围墙花园 ·· 14

1.3 从中本聪到以太坊——Web3.0 如何从区块链中诞生 ·········· 14
   1.3.1 中本聪与比特币：Web3.0 真正意义上的起点 ······················ 14
   1.3.2 Vitalik 与以太坊：用共识搭建 Web3.0 的应用生态创新 ········· 19

第 2 章　NFT——同质化与非同质化代币

2.1　历史梳理：当资产成为数字化——同质化与非同质化代币… 29

2.2　价值探讨：关于 NFT 的价值与使用价值…………………… 32

2.3　BAYC 无聊猿游艇俱乐部：NFT 市场的模范社区………… 41

  2.3.1　BAYC 的朋克社区价值观………………………………… 41

  2.3.2　BAYC 俱乐部激励机制简介……………………………… 43

  2.3.3　BAYC 的商业创新赋能…………………………………… 45

2.4　FT 与 NFT 入门指南：找项目 + 介入战略 + 买后管理……… 48

  2.4.1　寻找优质 NFT 社区……………………………………… 48

  2.4.2　调查项目创始人的记录…………………………………… 50

  2.4.3　购买后管理………………………………………………… 51

第 3 章　元宇宙

3.1　历史梳理：从《神经漫游者》到 Apple Vision——元宇宙是如何从科幻变为现实的……………………………………… 54

  3.1.1　元宇宙概念源起：来自科幻与科学的未来启示………… 55

  3.1.2　元宇宙技术探索：从幻想走向现实的前进之路………… 60

3.2　概念探讨：真假元宇宙辨析——什么是 3D 游戏，什么是元宇宙……………………………………………………… 69

  3.2.1　元宇宙特性一：开放性…………………………………… 69

  3.2.2　元宇宙特性二：永续性…………………………………… 71

  3.2.3　元宇宙特性三：高拟真性………………………………… 73

3.3　用 Web3.0 与区块链技术构建元宇宙的底层基座…………… 75

  3.3.1　用去中心化架构构建元宇宙"永续性"与"开放性"……… 75

  3.3.2　用区块链打造"高拟真性"的元宇宙经济系统…………… 77

3.4 案例介绍：SandBox 与元宇宙地产 ·· 78
  3.4.1 SandBox 起源：游戏与虚拟世界的逐梦之旅 ························· 78
  3.4.2 SandBox 极致的游戏创作开放性 ·· 79
  3.4.3 SandBox 虚拟地产：让游戏创造具有价值 ···························· 81
  3.4.4 SandBox 与区块链技术的深度结合 ····································· 82
3.5 价值分析：元宇宙将如何推动社会发展 ·· 84

第 4 章　GameFi：网络游戏的 Web3.0 范式

4.1 GameFi 逻辑剖析：当区块链遇见游戏 ··· 88
  4.1.1 GameFi 的定义 ··· 88
  4.1.2 GameFi 的分类 ··· 89
  4.1.3 GameFi 与传统游戏的区别 ·· 92
4.2 痛点分析：游戏上链的价值与意义 ··· 93
4.3 案例介绍：StepN ··· 95
  4.3.1 创始团队 ··· 95
  4.3.2 玩法设计 ··· 96
  4.3.3 经济模型 ··· 99
4.4 GameFi 入门指南：如何参与到 GameFi 的游戏过程之中 ··· 102
  4.4.1 创建加密钱包 ·· 102
  4.4.2 将加密钱包与游戏连接 ··· 103
  4.4.3 向钱包里添加资金 ·· 104
  4.4.4 铸造 NFT ··· 104
  4.4.5 运用 DAO 治理 GameFi ·· 105
4.5 深度洞察：相比 GameFi，我们更需要 Crypto Game ········· 106
  4.5.1 可玩性、用户黏性、健康的经济模型 ······························· 106
  4.5.2 Web3.0 新增市场的天然突破口 ·· 108

第 5 章　DAO：基于区块链的海星式组织

5.1　DAO 概念解析：从公司制的崛起到海星式组织……………112
　　5.1.1　公司制：上千年探索的成熟组织模式……………………112
　　5.1.2　千年制度探索的局限：公司制的黄昏……………………115
5.2　DAO 技术原理剖析……………………………………………116
5.3　为什么互联网社会需要 DAO…………………………………118
5.4　案例介绍：The DAO……………………………………………120
5.5　实操分享：如何从 0 到 1 创建一个 DAO……………………121

第 6 章　DeFi：去中心化的金融革命

6.1　DeFi 概念模型：当金融遇见去中心化………………………126
6.2　基于区块链的去中心化信用创造与金融服务………………128
6.3　DeFi 模型………………………………………………………130
　　6.3.1　DEX 与 AMM………………………………………………131
　　6.3.2　借贷…………………………………………………………132
　　6.3.3　稳定币………………………………………………………135
6.4　流动性——DeFi 的根基………………………………………136
　　6.4.1　吸血鬼攻击…………………………………………………136
　　6.4.2　Curve 治理之战……………………………………………138
6.5　DeFi 乐高积木…………………………………………………140
6.6　普通人如何参与其中…………………………………………142

第 7 章　DID

7.1　什么是 DID……………………………………………………146

7.2 DID 的应用场景 ································· 153
 7.2.1 DID 在 NFT 领域的应用和价值 ············ 153
 7.2.2 DID 在 DeFi 领域的应用和价值 ············ 154
 7.2.3 DID 在 DAO 领域的应用和价值 ············ 154
7.3 相比于微信账号，我们为什么需要 DID ············ 155
7.4 DID 标杆案例拆解：ENS——Web3.0 的数字身份 ············ 159

第 8 章 SocialFi

8.1 当 Web3.0 遇见社交：SocialFi 概念解析 ············ 170
8.2 SocialFi 价值探讨：区块链媒介赋权与内容保护，声誉价值 ···· 172
8.3 SocialFi 标杆案例：RSS3 ······················· 177
 8.3.1 传统 RSS 模式的范式革新 ················ 178
 8.3.2 RSS3 社交经济模型 ···················· 180
8.4 深度洞察：去中心化社交比赚钱社交更有价值 ············ 181

第 9 章 当 Web3.0 遇见 AI

9.1 重新认识 AI：用计算机技术打破生产力制约 ············ 186
9.2 AI 赋能 Web3.0——如何在 Web3.0 中打造 AI 智能层 ········ 191
 9.2.1 让节点变得更智能：Fetch.AI——基于 Cosmos 的智能开放式基础架构 ············ 193
 9.2.2 当 AI 遇见 GameFi：Shockwaves——用 AI 驱动虚拟世界的 Tokenomics ············ 199
9.3 对于 AI 而言，我们为什么需要去中心化的人工智能 ········ 203
 9.3.1 用区块链保护 AI 数据权益：HyperCycle——面向 AI 算法数据的创新型区块链架构 ············ 204

9.3.2 去中心化 AI 治理：Humans.AI——AI 永生与数字孪生的监管性尝试 ………………………………………………… 212

9.4 AI+Web3.0——从科幻走向现实的新一轮叙事 …………219

第 10 章　全球行业监管与未来展望

10.1 全球 Web3.0 行业监管概览一：欧美地区 ……………222
  10.1.1 美国 …………………………………………… 222
  10.1.2 欧盟 …………………………………………… 226
10.2 全球 Web3.0 行业监管概览二：东亚地区 ……………229
  10.2.1 中国 …………………………………………… 229
  10.2.2 中国香港 ……………………………………… 233
  10.2.3 新加坡 ………………………………………… 236
10.3 Web3.0 的监管难点和挑战 …………………………… 240
10.4 畅想未来的 Web3.0 时代 ……………………………… 242

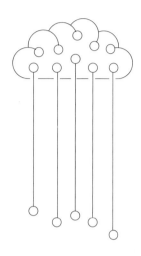

第 1 章
从莎草纸到区块链——
Web3.0 的发展历史

公元前 3000 年左右，一种名为"莎草纸"（Papyrus）的文字记录工具被尼罗河三角洲的古埃及人发明，他们将纸莎草的根茎抽出，揉碎之后摊开成片，晒干之后，这堆纤维便成为了人类历史的一部分。运气好一点，我们或许还能在大英博物馆看一眼实物，感受一下时间流逝的沧桑。

2008 年 11 月 1 日，中本聪发表了一篇题为《比特币：一种点对点式的电子现金系统》的论文，文中详细描述了如何创建一套去中心化的电子交易体系，且这种体系不需要创建在交易双方相互信任的基础之上。次年 1 月，比特币创世区块诞生。在这个区块上，中本聪留下了当天《泰晤士报》的头版文章标题：*The Times 03/Jan/2009 Chancellor on brink of second bailout for banks*（2009 年 1 月 3 日，财政大臣正处于实施第二轮银行紧急援助的边缘）。

当这些看似无意义的数据被哈希算法加密之后，一个全新的媒介传播载体——区块链便诞生了。同莎草纸相比，区块链的存在是看不见摸不着的，但违反常识的是，它却可以比莎草纸保存得更为持久，甚至于直到永恒。如果我们能有幸穿越到未来，只要我们手里还能找到对应的哈希密码值，我们便能通过一定的手段找到几千年，或者几万年以前我们存储在区块链的一段文字，或者一段照片，而我们却几乎感受不到岁月的洗礼。

中心化网络时代的高潮尚未结束，但一场去中心化的 Web3.0 范式革命正式拉开了序幕。

1.1 规律捕捉：信息传播社会发展趋势总结——从 Web1.0 到 Web2.0，再部落化的二次探索

1.1.1 互联网时代之前：从部落化到集权化——中心化制度的胜利

人类文明的发展历程，本质上就是一个中心化与去中心化之间此消彼长的过程。在人类的漫长历史中，在生产力没有足够发展的情况下，中心化的制度和组织形式曾经长期占据主导地位，在政治、经济、文化和社会等方面，中央集权、等级制度和权力集中的模式曾经是主流。在古代，人类社会的政治、经济和文化中心主要在一些大国和帝国，如古埃及、古希腊、古罗马等。这些国家和帝国以中央集权、等级制度、权力集中为主要特征，政治和经济的决策权掌握在少数人手中，而普通人民缺乏参与决策的权利。

尽管在人类的历史长河中，也曾出现过诸如小国寡民或雅典城邦民主制等积极的去中心化组织制度的积极设想与尝试，但无一例外都走向了失败。在这些失败中，内部的组织矛盾与外部的侵略压迫固然是十分重要的原因，但若究其根本，**传播系统与生产力的局限才是导致这些尝试走向失败的核心因素**。

> **雅典去中心化治理与罗马中央集权的制度碰撞**
>
> 雅典是古希腊最著名的城邦之一，也是古代世界中最早实行去中心化民主制度的城邦之一，其组织模式至今仍能在各种去中心化自治组织（DAO）中找到存在的身影。在雅典民主制中，政治权力分散在所有自由男性公民之间，公民们通过集会、投票等方式参与政治决策。雅典的民主制有以下几个特点：

- 扁平化的政治权利：雅典民主制中的政治权力是分散与扁平的，所有自由男性公民都有平等的权利，可以参与政治决策。此外，雅典民主制中还有一些民众代表机构，如议会、陪审团等，这些机构也都是通过选举产生的，代表了广大公民的意志。
- 民主投票政治决策：雅典政治制度之所以有其先进性，与其"众生"平等的民主投票制度是密不可分的。雅典民主制中的政治决策通过集会和投票等形式进行，公民们在集会上讨论政治议题，进行投票表决。这种直接民主的形式，使得政治决策更加民主化、权力更加分散。
- 有限制的"民主"：雅典的民主与公平并不是毫无节制的公平，相反，为了保障管理机制的合理性与有效性，雅典民主制中还有一些限制政治权力的机制。例如，公民只有在完成义务的前提下才能享受权利，而义务包括服兵役、纳税等。此外，公民还必须接受审查，以确保他们的身份符合资格。这些限制机制可以有效遏制政治权力的滥用，保证政治决策的公正性和合法性。

与雅典的"小国寡民"相比，罗马帝国的中央集权化制度则显得天差地别。罗马帝国的中央集权制度在政治方面的构建是一个漫长而复杂的历程，经历了许多阶段的发展和演变。在共和时期，罗马政治制度基于贵族制和民主制相结合的模式，政治权力分散在不同的政治机构和阶层之间。但随着罗马帝国的扩张和内外威胁的增加，共和政治制度逐渐失去了有效性，政治腐败和内部分裂加剧，导致罗马陷入了动荡和混乱。于是，罗马的政治领袖逐渐意识到，为了维护帝国的长期稳定和统一，必须建立一个强大而高效的中央政府，实现政治权力的高度集中和控制。

> 罗马帝国的中央集权制度主要体现在皇帝对政治权力的高度控制上。皇帝不仅是政治和军事的最高领袖,还是全国官方文化的代表和宣传者。皇帝的形象与地位被广泛宣传和推广,作为罗马帝国的象征和文化标志,这种宣传和推广对维护罗马帝国的长期稳定与统一起到了非常重要的作用。此外,罗马帝国还建立了一套完善的法律制度,由中央政府制定和执行,确保全国法律和政策的一致性。

罗马中央集权制度与雅典民主政治迥然不同,清晰地昭示了人类社会组织管理的两种形态:去中心化与中心化制度,而时间也很贴心地将两种制度的优劣势通过血淋淋的历史形式告诉给我们。

罗马中央集权制度相对于雅典民主制度的优势在于其高度的集中和控制力度。罗马帝国的中央政府通过建立一个强大而高效的中央政府,实现政治权力的高度集中和控制,确保政治和行政的高效率。然而另一方面,罗马过于集中管理的政治制度使得国家机器缺乏政治自由和民主参与,政治权力过于集中和垄断,导致政治腐败和专制,而制度的僵化则成为了击碎这个"利维坦"[①]的最后一击。

与之相比,雅典民主制度的核心优势便在于其创新性与灵活性——正是因为充分尊重每一个政治个体的认知与意见,雅典民主政治治理的有效性才得以更好地发挥出来,这也是去中心化制度的核心优势所在。然而问题在于"人人发声"的政治制度仅在组织人数较少或者传播速度足够快时才能正常运转,一旦组织群体过于庞大,完全的"去中心化"将会对于组织效率形成极大的桎梏。

---

① 利维坦:一种威力无比的海兽,可用以比喻君主专制政体。

1.1.2 互联网 Web1.0 的诞生：媒介的去中心化赋权——从中心化到去中心化的二次转折点

当美国国防部决定启动阿帕网研究计划时，他们或许怎么也不会想到，这个为了抵御苏联核弹危机而研发的战略网络，会在未来直接改变全人类的科技发展格局。阿帕网的内核，归根到底是一种去中心化的传播机制——当某个控制中心与其他控制中心失去联系时，由于分布式传播；整个网络不会受到过大的影响，也正是在此刻，"去中心化"开始被植入进整个世界的认知当中。

彼时的阿帕网还只是一个雏形，互联网真正的开端是在 1989 年的欧洲粒子物理研究所，如图 1-1 所示。TimBerners 和其他在欧洲粒子物理实验室的人提出了一个分类互联网信息的协议，这个协议，1991 年后被称为 WWW（World Wide Web），是基于超文本协议——在一个文字中嵌入另一段文字的——连接的系统，当你阅读这些页面的时候，你可以随时用他们选择一段文字链接。至此，Web 互联网正式面世。

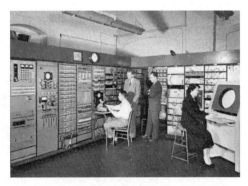

图 1-1　1989 年的欧洲粒子物理研究所

此后的二三十年的时间里，人类对于互联网的探索从未止步，而在摩尔定律的技术规律加成下，互联网的应用边界更是不断被突破，成功渗透并影响着世界上的每一个角落。也有一部分人意识到，那个驱使互联网诞生的"去中心化"理念正在被这光怪陆离的虚拟世界不断消弭。怀揣着这个思想，他们成为了互联网新一轮的开拓者与革新者，而 Web1.0 时代，也正从此刻开始拉开序幕。

　　Web1.0 是指互联网的早期阶段，是互联网发展历程中的一个重要阶段。这个时期大约从 20 世纪 90 年代中期到 21 世纪初期，也被称为静态 Web 时代。在这个时期，互联网主要是由一些静态网站组成，网站的内容主要是文字、图片和少量的动画，如图 1-2 所示。这些网站的交互性和个性化定制程度都比较低，用户只能被动地浏览网页上的信息，无法与网站进行交互并进行个性化定制。

图 1-2　Web1.0 时代的网页

　　在 Web1.0 时代，网站的设计和开发主要以展示信息为主，网页的布局和设计也比较简单，一般采用静态 HTML 页面来展示内容，如图 1-3 所示。由于当时互联网技术的限制和硬件设备的限制，网站的响应速度也比较慢，用户需要等待很长时间才能打开一个网页。此外，由于缺乏相应的技术支持和标准，网站的兼容性和安全性也存在一定的问题。

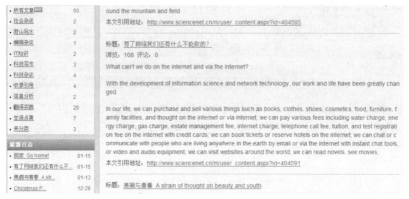

图 1-3　Web1.0 时代的网页布局

尽管 Web1.0 时代的网站交互性和个性化程度较低，但是它也为互联网的发展奠定了基础。在这个时期，互联网技术得到了快速的发展，网络基础设施得到了高速迭代，使得互联网在全球范围内得到了广泛的普及。

更为关键的是，Web1.0 为互联网的发展提供了一个全新的展示平台，改变了人们信息交流与传播的方式。在 Web1.0 互联网出现以前，人类社会的媒体传播资源被大型专业电台与企业所垄断，大众媒介信息的生产对于普通人而言几乎是触不可及的事。

但在 Web1.0 诞生之后，大众媒体的信息传播范式被迭代——尽管操作或许还有些困难，但一个普通人只需要花费一些时间和精力即可拥有属于自己的网页与博客，而这些网页与博客可被互联网的所有人看见。

Web1.0 是不完美的，但却是颠覆性的，传承了千年的中心化社会组织与生产制度，开始被互联网一点点消弭与瓦解。

1.1.3　Web2.0：媒介赋权的深度尝试——移动互联网的开拓

尽管 Web1.0 时代是一个静态的、信息消费为主的时代，用户只能被动地浏览网站上的信息，但 Web1.0 的诞生还是为互联网的发展奠定了基础，也为后来的 Web2.0 时代的网站提供了有价值的经验和启示——用媒介赋权的形式重新尝试去中心化的组织运行是可行的，这启发了人们去探索更加开放、民主、去中心化的网络模式。此后十余年间，互联网的去中心化趋势不断明晰，移动互联网与众多 UGC（User Generated Content，用户生产内容）平台的崛起让大众个体在网络中得到了更大的自主权利，"人人拥有话筒"逐渐成为现实。

Web2.0 时代的到来，使得互联网的去中心化趋势不断明晰。Web2.0 时代的"个人门户"模式是以"个人节点"为中心，关系为链接，本质特征是参与、展示和信息互动。在 Web2.0 时代，用户不再是单纯地消费信息，开始拥有了信息生产者的权利。用户在网络空间传播信息，展现自我信息和观点的同时，也无形中影响了社会信息传播和舆论导向。

用户可以通过各种媒介发布自己的信息和观点，而这些信息可以被其他用户接收、评论和转发。这种去中心化、自由化的网络环境，让个体获得了更多的话语权，也促进了信息的自由流动和互动。

社交媒体的崛起拉开了 Web2.0 时代的序幕。社交媒体的出现改变了人们获取信息和互动的方式，使得人们可以更加轻松地分享信息、建立社交网络以及与其他人互动。在 Web2.0 时代，用户不再被动地接收信息并作为内容的接收者，而是成为了内容的创造者和发布者。这种模式被称为用户生成内容（UGC）。社交媒体平让用户可以轻松地共享他们的想法、观点以及图片、视频和音频等多种形式的内容，而且这些内容可以迅速地传播和分享。其中，Facebook 是最具代表性的社交媒体平台之一。Facebook 让用户可以轻松地创建个人资料，分享内容并与其他人互动，包括点赞、评论和分享等。它也成为了企业和品牌营销的一个重要平台，例如，许多企业和品牌会在 Facebook 上创建官方页面，通过发布内容和与粉丝互动来提高品牌知名度及产品销售量。

紧接着，苹果手机的发布加速了移动互联网的时代革命，大众的媒介赋权被提升到了一个全新的高度。苹果的 iPhone 于 2007 年发布，如图 1-4 所示，这款智能手机引领了移动互联网时代的到来。iPhone 的操作系统 iOS、触摸屏技术和应用程序生态系统，使得用户可以方便地使用各种应用程序，实现多种功能，这些功能包括：社交媒体、搜索引擎、电子邮件、在线购物、地图和导航、游戏等。iPhone 的成功让用户可以在任何时间、任何地点使用互联网，扩大了人们获取信息和互动的范围，改变了人们的生活方式。

图 1-4　乔布斯与苹果手机发布

此外，一批新兴的互联网企业正在崛起。他们凭借数据、技术与资本优势，获得了整个 Web1.0 到 Web2.0 的时代红利，最终成为新一代的互联网巨头。这些新兴的互联网企业包括了谷歌、

Facebook、亚马逊、阿里巴巴等公司。这些公司在 Web1.0 时代就已经开始发展，他们的创始人拥有敏锐的商业嗅觉和技术能力，在当时互联网行业的空白中迅速崛起。这些新兴互联网企业的崛起，推动了全球数字经济的发展，也对传统行业和企业造成了冲击。随着互联网的不断发展和创新，这些企业也在不断地进行战略调整和创新，以适应新的市场和技术环境。

1.2 痛点分析：Web3.0 之前——中心化的网络出现了什么问题

1.2.1 不可避免的单点故障

在传统互联网架构中，大多数应用和服务都是通过中心化的服务器提供的。这种中心化架构存在一些问题，其中最严重的是单点故障。在这种架构下，少数的中心化服务器承担着大量的服务和应用，一旦这些服务器出现故障或遭到攻击，就会导致整个服务和应用无法正常运行。发生单点故障后，用户将无法访问服务和应用，甚至可能会造成严重的经济损失。

出现单点故障不仅仅是因为中心化服务器的数量较少，还因为这些服务器通常是由少数组织或企业所掌控和管理。这些组织或企业可能会出于自身利益考虑，对服务和应用进行限制或控制，从而影响用户的自由和权利。此外，中心化服务器集中在少数机房或地区，存在地理位置集中的问题，该问题也会导致服务和应用在某些地区的访问速度较慢或不稳定，从而影响用户体验感和满意度。另外，中心化服务器的集中也会导致资源浪费和能源消耗。由于服务器需要大量的电力和空间来运行和维护，中心化架构可能会导致能源浪费和资源浪费的问题。

1.2.2 中心化的数据垄断危机

除了单点故障外，中心化架构还存在另一个严重问题，即中心化服务器由少数机构控制和管理，这些机构通常拥有对用户数据和资产的控制权，一旦这些机构出现问题，就会给用户的数据和资产带来很大的风险。

首先，黑客可以攻击中心化服务器，并窃取用户数据和资产。这种攻击可能会导致用户的个人信息、支付信息和其他敏感信息泄露，使用户遭受经济损失和信用风险，这对于金融、电子商务、社交媒体等产生严重影响，因为这些应用通常需要用户输入大量的个人信息和支付信息，一旦这些信息泄露，用户将面临极大的风险和损失。

其次，中心化机构可能会滥用用户数据和资产，对用户的隐私和权益造成侵犯。这种滥用可能包括出售用户数据、擅自使用用户数据、向第三方泄露用户数据等行为，这些行为可能会导致用户的隐私和权益受到侵犯，对用户产生不良影响。例如，某些公司可能会收集用户的浏览记录、搜索记录、购物记录等信息，然后将这些信息出售给广告商或其他第三方，从而产生侵犯用户隐私和权益的现象。这种滥用用户数据和资产的行为，可能会导致用户失去对自己数据和资产的控制权，从而对用户的自由和权益产生负面影响。

另外，中心化机构可能会因为经营不善、违法犯罪或其他原因而破产或关闭，导致用户的数据和资产遭受损失。例如，用户在某个中心化交易所购买了加密货币，但该交易所由于经营不善或其他原因破产或关闭，导致用户的加密货币无法取回而遭受损失。如遇到这种情况，用户将面临无法收回自己的资产、无法获得赔偿或补偿等风险。

而比技术问题更为严重的，是个人数据主权的保护问题。

1.2.3 个人数据主权的保护失效

在传统互联网架构中，用户的数据和资产通常存储在中心化服务器中，由少数机构控制和管理。这种集中化的控制存在一些问题，其中最为严重的是安全和隐私隐患问题。由于用户的数据和资产集中存储在少数中心化服务器上，一旦服务器出现问题，例如被黑客攻击、遭到破坏或出现故障，用户的数据和资产就会受到威胁。这将导致用户的数据和资产无法得到保护，甚至可能遭受损失。例如，2017年，Equifax公司就因为其服务器被黑客攻击，导致超过1.4亿用户的个人信息泄露，给用户带来了巨大的经济和信用风险。

除了安全问题之外，集中化控制还可能导致用户的隐私和权益被侵犯。这些机构可能会滥用用户的数据和资产，例如出售用户数据给第三方、将用户数据用于商业行为或者滥用用户数据进行广告投放等。这些行为可能会对用户的隐私和权益造成侵犯，特别是在用户没有授权的情况下使用其数据和资产，会让用户感到不安和不满。此外，集中化控制也可能导致机构或个人滥用权力，例如篡改或删除用户数据等行为，这将导致用户数据与资产受到威胁或遭受损失。

集中化控制还可能导致数据与资产的不可控。由于用户的数据与资产存储在中心化服务器上，用户无法直接控制和管理自己的数据与资产。这可能会导致用户无法保障自己的隐私和权益，也无法对自己的数据与资产进行有效的控制和管理。

1.2.4　信息茧房与围墙花园

美国学者尼葛洛庞帝，在 20 世纪 90 年代提出的"我的日报"概念，已经在今天的数字化时代成为现实。个人用户可以通过社交媒体、新闻应用、其他在线平台获取为他们量身定制的新闻、文章、娱乐和其他信息。这种个性化的服务不仅能够满足用户的需求，还能帮助用户更好地掌握信息并与他人分享和交流。

尼葛洛庞帝提出的概念揭示了数字化时代个性化信息服务的趋势和潜力，随着互联网技术和数字化的发展，个人用户将能够享受到更加符合自己兴趣和需求的定制化信息服务。

越来越多的互联网企业和应用程序开始采用个性化算法及推荐系统，为用户提供符合其兴趣和需求的信息服务，其中的佼佼者——字节跳动更是凭借抖音与今日头条荣登新一代的互联网巨头宝座。

但这种极具个性化的信息推荐方式对大众真的友好吗？网络社区超越了物理和地理的限制，提供了与志同道合的人保持联系的新机会，还能够避免与不感兴趣的人和事接触。但如果人长期倾听与自己相像的观点，会变得更加极端和自信，甚至可能发生群体极化、两极分化。而这种情况导致我们生活在虚幻的"奶头乐"中，而 Web2.0 并不允许我们去打破这个虚幻的美梦。

1.3　从中本聪到以太坊——Web3.0 如何从区块链中诞生

1.3.1　中本聪与比特币：Web3.0 真正意义上的起点

2008 年的一天，一位名叫中本聪的用户在某个密码学交流社区上发布了一篇名为《比特币：一种点对点式的电子现金系统》论文,如图 1-5 所示,并在该论文中提出了一种无须可信第三方的电子支付系统——比特币,它的发行总量为 2100 万枚,且永不增发。这篇论文的发布,标志着 Web3.0 时代从此刻开始启航。

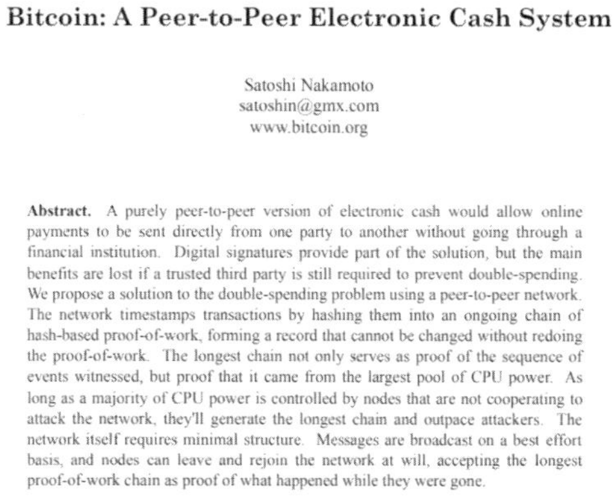

Bitcoin: A Peer-to-Peer Electronic Cash System

Satoshi Nakamoto
satoshin@gmx.com
www.bitcoin.org

Abstract. A purely peer-to-peer version of electronic cash would allow online payments to be sent directly from one party to another without going through a financial institution. Digital signatures provide part of the solution, but the main benefits are lost if a trusted third party is still required to prevent double-spending. We propose a solution to the double-spending problem using a peer-to-peer network. The network timestamps transactions by hashing them into an ongoing chain of hash-based proof-of-work, forming a record that cannot be changed without redoing the proof-of-work. The longest chain not only serves as proof of the sequence of events witnessed, but proof that it came from the largest pool of CPU power. As long as a majority of CPU power is controlled by nodes that are not cooperating to attack the network, they'll generate the longest chain and outpace attackers. The network itself requires minimal structure. Messages are broadcast on a best effort basis, and nodes can leave and rejoin the network at will, accepting the longest proof-of-work chain as proof of what happened while they were gone.

图 1-5 中本聪跨时代意义的白皮书

在这篇论文中,中本聪对比特币的技术原理与设计思想进行了清晰的阐述,虽然全文不过 9 页,但去中心化的颠覆式思想已经跃然纸上。关于比特币的技术原理,中本聪对从生产、流通到记录的种种流程进行了详细的模型解释。

(1)比特币的生产。

比特币的生产是通过"挖矿"(Mining)这一过程实现的。挖矿的本质是利用计算机程序解决一个复杂的数学题,也被称为"工作量证明"(Proof of Work,PoW),以验证交易并将新的区块添加到区块链中。挖矿需要消耗大量的计算资源和能源,因此挖矿的难度会随着时间的推移而逐渐增加,以保持比特币供应的稳定性。根据中本聪的设计,比特币的总量为 2100 万枚,并且不会增发。

(2)比特币的交易。

比特币的交易是点对点的,也就是说,用户可以直接将比特币转移给其他用户，而无须经过任何中介机构。比特币的交易是由比特币网络中的节点共同维护的，每个节点都会对交易进行验证，并将其广播到全网中。

（3）比特币的交易验证。

当一笔比特币交易发生时，该交易将会被广播到全网的节点中，并由节点进行验证。节点通过比对交易数据和交易历史记录，以确保交易的真实性和合法性。如果交易被验证通过，则会被记录到一个新的区块中，并被加入区块链中。

（4）比特币的交易记录。

比特币的交易记录是由区块链技术实现的。区块链是一种去中心化的公共账本，用于记录比特币网络中发生的所有交易。每个区块包含一定数量的交易记录，每个区块都有一个唯一的标识符，并按照一定的顺序连接在一起，形成一个链条。区块链的去中心化特点意味着没有任何一个人和机构可以单独控制或篡改其内容，这是比特币网络的一个重要优势。

2009年1月3日，中本聪将比特币的设想落地到了现实，创立了区块链上的所谓"创世区块"。比特币是一种去中心化、开放式、匿名性的数字货币，它不依赖任何中央机构或第三方信任机构，而是通过区块链技术实现点对点的交易和账本管理。比特币的创造者中本聪提出了一套完整的区块链协议和加密算法，保证了比特币的安全性和去中心化特性。

比特币使用区块链技术实现账本的分布式存储和管理，每个节点都可以参与区块链的维护和交易。另外，比特币的开源性也是货币经济学的一种突破性尝试。比特币使用开源代码，任何人都可以查看比特币的代码和技术，从而提出改进建议和参与比特币的发展与运营。

比特币的出现，是对传统金融制度和货币体系的挑战，它通过去中心化的方式，实现了点对点的交易，没有中心化机构参与其中，使得交易更加安全、透明和高效。比特币的技术基础是区块链，区块链是一种去中心化的数据库技术，能够确保数据的安全性和不可篡改性。区块链的出现，彻底颠覆了传统的中心化数据库管理方式，为全球数字经济的发展开辟了新的道路。

如果仅仅是在金融领域进行革新，或许并不能很好地体现出比特币和区块链的创新价值。比特币和区块链最大的价值，是让世界看到了一条鲜有人尝试的去中心化路径——用密码学来解决信任与管理问题。区块链技术提供了一种基于密码学、分布式共识、不可篡改性的新型数据结构和算法，这种技术可以让用户在不需要第三方信任机构的情况下进行安全可靠的信息传播。

比特币的成功证明了区块链技术的可行性，为 Web3.0 的发展提供了重要的技术支持。相比于虚无缥缈的"郁金香"金融骗局，伴随着比特币一起出现的区块链技术，才是让人类生产方式发生另一种变革的启明星所在。

比特币在国家层面的应用探索

- 阿根廷：由于阿根廷的通货膨胀率较高，许多人开始使用比特币作为一种防止通货膨胀的手段。2018 年，阿根廷的通货膨胀率超过了 40%，这使得人们开始寻找一种能够保护其财产免受通货膨胀影响的方式。比特币作为一种去中心化数字货币，不受政府和央行的控制，因此被认为是一种抗通货膨胀的投资工具。此外，由于比特币的交易速度快、手续费低且可以进行跨境汇款，许多人开始将比特币用于跨境汇款，以避免央行汇率和汇款手续费的高昂成本。比特币的匿名性和去中心化的特点，也有助于保护用户的隐私和安全性。因此，越来越多的人开始将比特币作为一种抗通货膨胀的投资工具和跨境汇款的支付方式。

- 日本：2017 年 4 月 1 日，日本政府正式承认比特币作为一种合法的支付方式，这使得比特币在日本的应用得到了进一步推广。根据日本的法律规定，比特币被视为一种资产或商品，而不是货币。这意味着，比特币交易需要缴纳消费税，但不需要支付所谓的货币交换税。这一政策的推出，促使比特币在日本的普及和接受程度的提高。一些日本商家也开始接受比特币付款，包括餐厅、超市和电子商务网站等。例如，日本的一些餐厅和咖啡馆开始接受比特币付款，并且在菜单上标注了比特币的价格。此外，日本的一些电子商务网站也开始接受比特币付款，例如日本的亚马逊和乐天市场等。

- 委内瑞拉：委内瑞拉的通货膨胀率长期较高，导致人民的财产受到了严重的侵蚀。为了保护财产，一些人开始将比特币等加密货币作为一种抗通货膨胀的投资工具。由于比特币的去中心化特点，使其不受政府或金融机构的控制，因此被认为是一种安全的财富保值方式。2018 年，委内瑞拉政府推出了一种名为"石油币"的数字货币。石油币与委内瑞拉的石油储备挂钩，一定数量的石油币可用于购买石油和其他商品。政府希望通过推出石油币来促进国内经济发展，同时减轻人民的通货膨胀压力。然而，石油币的推出并没有得到广泛的认可和接受。

- 由于委内瑞拉政府一直存在信用危机和政治危机，石油币的可信度和稳定性受到了质疑。相比之下，比特币等加密货币因为其去中心化特点和全球性的接受度，更受人们信任。
- 美国：比特币在美国的应用也相对较为广泛，一些知名企业和机构也开始探索比特币的应用，例如 PayPal、微软、星巴克等。此外，比特币也被用于购买房产和艺术品等高价值商品。如 PayPal 于 2020 年 10 月宣布将支持比特币等加密货币的买卖和使用。这意味着 PayPal 的用户可以使用比特币等加密货币进行在线支付，也可以将比特币等加密货币转换成法定货币存入 PayPal 账户。

1.3.2　Vitalik 与以太坊：用共识搭建 Web3.0 的应用生态创新

中本聪与他的比特币成为互联网迈向去中心化世界的第一步，他的论文和发明激发了人们对区块链技术的兴趣和研究。比特币的出现，标志着 Web3.0 时代正式启航，这种去中心化的数字货币为全球数字经济的发展开辟了新的道路，也正如中本聪自己所言，比特币是一个完完全全的去中心化系统，以至于他自己都没有 100% 的权利对比特币作出决定。

尽管大众很期待中本聪能对比特币系统或其应用层面进行更深层次的创新，但事实上中本聪本人也在文章发表后一直处于一种半消失的状态。同时，比特币生态的发展往往是由社区力量来推动的，这种去中心化的模式虽然具有一定的优势，但也带来了一些问题。例如，比特币的扩容问题、网络安全问题、治理问题等，都需要社区共同协作来解决，但在缺乏前期社区规划和领导者的情况下,想要让大众自行形成一个完备的组织体系显然是不现实的,这也体现了去中心化社区的弊端。

当对去中心化货币应用的需求开始涌现时,历史必然会把革新者放在一个合适的位置,而这一次的幸运儿便是 Vitalik 与以太坊,如图 1-6 所示。

图 1-6 以太坊,实现更具有功能性的生态应用

2013 年,Vitalik Buterin 发布了一篇名为《以太坊:下一代加密货币和去中心化应用平台》的白皮书,其中详细阐述了以太坊的愿景和设计原则。Vitalik Buterin 在白皮书中指出,比特币虽然是一种非常成功的去中心化电子现金系统,但其功能仍然受到了限制。比特币只能进行简单的交易,无法实现更复杂的应用程序。而以太坊的目标是打造一种更为通用的去中心化应用平台,使得开发者可以构建各种类型的应用程序,并将其部署到区块链上。

在以太坊白皮书中,Vitalik Buterin 对于去中心化应用生态的组成进行了详细且富有想象力的描绘,并在白皮书中首次提出了智能合约与去中心化应用等经典 Web3.0 概念。而在治理方面,以太坊同样沿用去中心化的治理架构,不依赖中央机构或第三方信任机构,整体决策是由社区中的参与者共同决定,从而保证了去中心化和分散治理的原则。

以太坊的关键技术与应用概念

- 智能合约：以太坊的智能合约是一种可以自动执行的计算机程序，它们存储在区块链上，并由以太坊网络中的节点执行。智能合约可以实现各种复杂的业务逻辑，如转账、投票、协议、预测市场等。相比于传统合约，智能合约的最大特点及优势便是其自动性与去中心化特性。智能合约通过区块链技术实现自动化执行，避免了传统合约需要人工介入的问题。这使得智能合约具有更高的效率和准确性。同时，智能合约的执行结果和代码都将永久存储在区块链上，不可篡改，这将极大地保证智能合约的安全性。
- 去中心化应用：去中心化应用是指基于区块链技术的应用程序，其核心特点是去中心化和不可篡改。以太坊的目标是成为一个开放、透明、安全、可扩展的专门用于构建去中心化应用的平台。以太坊为开发者提供一个可编程的区块链平台，使得开发者可以构建各种类型的应用程序，并将其部署到区块链上。
- Solidity 智能合约语言：Solidity 是一种高级语言，类似于 JavaScript 或 Python，它可以用于定义各种数据类型、函数、类、结构体等，从而实现各种复杂的智能合约业务逻辑。其语言特点是简单、安全、可靠、可扩展。它支持面向对象编程，可以定义类、继承、接口等，同时还支持事件、异常处理、库等特性。Solidity 语言代码可以被编译成 EVM（以太坊虚拟机）的字节码，在以太坊网络上执行。
- 以太币（ETH）：以太坊是一个区块链平台，其本地加密货币是以太币（Ether），也被称为 ETH。以太币是以太坊网络中的基础货币，是实现去中心化应用和智能合约的重要基础。按照官方设定，以太币的供应量是有限的，总量为1亿个，且随着时间推移，以太币的发行量会逐渐减少。以太币的价格是由市场供求关系决定的，随着以太坊平台的发展和应用场景的不断拓展，以太币的价格也在不断变化。

- 以太坊虚拟机（EVM）：以太坊虚拟机是以太坊网络中的计算引擎，是实现智能合约的核心组件之一。EVM是一个基于栈的虚拟机，其指令集包括各种算术运算、比较运算、位运算、逻辑运算等。EVM可以根据智能合约的代码自动执行各种操作，例如转账、存储数据、触发事件等。另外，EVM还提供一种名为"油费"的机制，用于限制智能合约的执行次数和效果。

以太坊自2015年上线，至今已经成为世界上最大、最活跃的去中心化平台之一。以太坊网络由全球各地的节点共同维护，这些节点遍布全球，共同维护着以太坊的区块链的底层数据运转。截至2023年2月，官方数据显示，以太坊网络有1.3万至1.4万个节点，这些节点在维护以太坊网络的同时，也保护着网络的安全性和去中心化特性。在应用生态方面，以太坊上有超过4000个去中心化应用（DApps），包括去中心化金融（DeFi）平台、去中心化交易所（DEX）、NFT市场、游戏、市场预测工具等。这些应用程序不仅可以实现区块链技术的价值传递，还可以为用户提供更多的服务和体验。特别是在去中心化金融领域，以太坊生态系统中的各种应用程序，为参与者提供了更加安全、高效、低成本的金融服务，使得金融领域的创新和进步更为快速与便捷。如图1-7所示为以太坊官方网页。

图 1-7 以太坊官方网页

除了构建去中心化应用程序，以太坊还支持发行和交易非同质化代币（Non-Fungible Token，NFT），这种数字资产在以太坊生态系统中得到了广泛的应用。NFT 可用于艺术品、音乐、游戏及其他数字内容的所有权证明和交易，这种数字资产的出现，为数字内容的所有权和交易提供了更好的保障及便利。

当前，以太坊正在进行一系列升级，以实现更高的性能、安全性和可扩展性，这些升级被称为以太坊 2.0（ETH 2.0）。ETH 2.0 的主要升级包括从工作量证明（PoW）共识机制切换到权益证明（PoS）共识机制，以及引入分片技术来提高交易吞吐量。ETH 2.0 预计将在未来几年逐步推出。

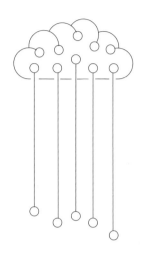

第 2 章
NFT——
同质化与非同质化代币

当我们回顾 2021 年的时候，一定绕不过 NFT（Non-Fungible Token）。2021 年被称为 NFT 元年，因为在这一年，NFT 在艺术、音乐、体育、游戏及其他各个领域都得到了广泛的认可和应用。在艺术领域，加密艺术家 Beeple 的 NFT 作品 *Everydays: The First 5000 Days*（如图 2-1 所示）在佳士得拍卖行以 6900 万美元的价格成交，创下了数字艺术品的最高成交记录。此外，许多其他艺术家也开始使用 NFT 来验证他们作品的真实性和独特性。

图 2-1　NFT 作品 *Everydays：The First 5000 Days*

同年 4 月，无聊猿游艇俱乐部（Bored Ape Yacht Club，BAYC）面向公众启动预售，价格为 0.08ETH（约 200 美元）。BAYC 在推出后迅速席卷艺术、时尚、文娱等行业，成长为现象级 IP。仅仅过去一年，BAYC 的地板价（最低价格）已经增长至 147ETH，涨了 1800 多倍。

这一幕幕现象都让人觉得难以置信，有人觉得 NFT 打开了新世界的大门，也有人觉得 NFT 不过是属于区块链时代的泡沫罢了。不管人们对于 NFT 持何种观点，无疑的是，NFT 已经在世界范围内掀起了一场风暴。NFT 的独特性和不可替代性使它成为一种非常稀有的数字资产，而这种数字资产的价值和影响力也在不断增长。

与去中心化金融（DeFi）的复杂概念不同，NFT 的原理较为简单，而其简单的原理使得 NFT 概念在越来越多的普通人之间传播，借此开启了一条全新的加密赛道。NFT 的简单性意味着更多的人可以理解和接受它，也更容易参与到 NFT 市场中来。

当谈到 NFT 时，不得不提到 FT（Fungible Token），即同质化代币。我们可以从"Fungible"这一词着手分析 FT。根据《牛津词典》，"Fungible"指"可以互换的、可替代的、同类的物品"。这个词通常用于描述物品或资产，表示彼此之间可以相互替代，没有什么区别或差异。金币是一种典型的 Fungible 资产，因为所有金币都是同样的重量和纯度，可以互相替换。同样，在传统金融中，股票、货币、债券等也都是同质化的资产。

基于上述定义，我们可以推理出 FT 的主要特征是可分割和可互换，最重要的是它们不具有唯一性。比特币就是典型的同质化代币，一个比特币可以与另一个比特币进行交换，在交换后持有者账户里的比特币没有发生任何改变。正是由于同质化代币的统一性，使得同质化代币能够在现实生活中具有极高的金融价值。但同时现实世界里具有实际价值的物品往往都是不可替代的，比如房地产、艺术品或一份合同。我们可以设想一下，两套由同一开发商开发建设的公寓，它们的户型、外观都是相同的。但是我们并不能认定这两套公寓的价值是一样的,因为这两套公寓的装修以及楼层位置是不一样的,因此它们具有不同的内在价值,是不可以交换的,同样也不能融合在一起。

作为特殊的 FT,NFT 在近几年可谓风光无限,那么 NFT 到底是什么呢?

NFT(Non-Fungible Token),又称非同质化代币,是一种基于通证标准 ERC-721 生成的数字资产类型,具有独特且不可分割的所有权属性。简单来说,NFT 是一个具有唯一标识并且允许用户存储信息的附加参数的令牌,正是唯一标识使得令牌可以做到无法被替代。其中附加在令牌上的信息可以是任何形式,既可以是文本信息,也可以是图像或视频信息。在目前的加密市场里常见的 NFT 大多以 GIF、图片、视频、音乐专辑等形式存在。在现实世界中,资产都具有可以证明其所有权的特征。相比于现实世界,在区块链上 NFT 同样具有其所有权记录和真实性证明。举个例子,B 为了参加舞会向 A 借了一枚钻石戒指,当舞会结束后,B 将钻石戒指返还给 A。在返还戒指这一过程中,B 必须原物返还,B 不能随便挑选其他的钻石戒指归还给 A,因为钻石具有不同的形状和等级,而不同形状的钻石又具有不同的价值。因此,NFT 不能像同质化代币那样容易地分割、拆分或交换。同质化代币与非同质化代币的区别见表 2-1。

表 2-1　同质化代币与非同质化代币的区别

同质化代币 (FT)	非同质化代币 (NFT)
可交换 同种 FT 之间可以交换	不可交换 同种 NFT 之间不可交换
统一性 同种的 FT 规格相同,价值也相同	独特性 每个 NFT 都是独一无二的

续表

同质化代币 （FT）	非同质化代币 （NFT）
可分性 一单位的 FT 可以被分割为更小的单位，且价值等同	不可分性 绝大多数的 NFT 都是不可分割的
ERC-20	ERC-721

2.1 历史梳理：当资产成为数字化——同质化与非同质化代币

2008 年，以雷曼兄弟为首的大型银行向信用记录不良的借款人发放高风险、高利率的贷款，最终导致美国陷入次贷危机，进而引发全球金融危机。在这一次的金融危机中，区块链应运而生，区块链是所有加密货币和 NFT 的引擎或系统，推动着金融体系的改革。比特币（Bitcoin）是世界上第一种成功的加密货币，也是世界上第一种具有全球性质的货币，可以在各个国家之间轻松兑换并且不需要汇率。比特币的成功给其他项目以启示，其中最著名的莫过于以太坊。

关于以太坊，我们已经在第 1 章进行了详细阐述，这里不再赘述。但在数字货币的发展过程中，以太坊最为创新与突出的贡献莫过于带来了 ERC-20 代币标准。代币标准的出现允许开发人员在区块链上创建生态，同时具有自己独立货币的协议也可以将以太坊区块链作为基础，这彻底改变了加密世界。也正是智能合约和代币标准的出现，奠定了非同质化代币崛起的基础。所有的非同质化代币都附带了智能合约，NFT 只是用加密货币（通常是以太坊）交换获得的商品。

虽然非同质化代币（NFT）与以太坊有着千丝万缕的联系，但实际上 NFT 并非以太坊首创的概念，最初的 NFT 是出现在比特币区块链上的。在 2012 年，一种被称为"彩色币"（Bitcoin2.X）的概念由于可以在区块链上发行除比特币之外的其他代币而在开发者之间广泛流行。彩色币是一个实验项目，其基本原理是使用这些本质上是聪（比特币的最小单位）的彩色币来代表其他资产，让比特币用户可以以发行代表公司股票或游戏物品的代币。许多比特币爱好者，包括以太坊创始人的 Vitalik Buterin，都对在比特币区块链上发行替代资产着迷。

然而，早期的彩色币提案并没有获得太多关注。一方面是由于比特币的脚本语言需要对价值达成完全的共识，存在一定的技术限制。举个例子，有三个人达成共识，认定 1 枚彩色币在价值上等同于 1 股股票。但是只要有一个参与者退出共识，不再认定彩色币与股票价值挂钩，那么整个系统都将崩溃。另一方面是比特币从未打算充当这些替代代币的数据库，许多比特币用户不赞成用代表其他物品所有权的代币堵塞宝贵的区块空间，因为这会使原本简单的比特币交易变得越发昂贵。

真正让 NFT 得到首次大面积普及的，是比特币区块链上的色情产业。早在 2012 年，比特币区块链上的一些色情网站开始尝试将数字艺术品转化为可交易的代币，以便更好地进行交易和管理。这些代币称为色情币（Porncoins），最早的几种色情币包括 PXC、NSFW、XXX 等。这些数字代币的交易和管理方式，成为了 NFT 的雏形，奠定了它的基础。

NFT 概念的二次破圈和创新，则要从凯文·麦考伊在 2014 年推出的 NFT 作品，即一幅数字艺术作品《量子》（如图 2-2 所示）说起。该作品是以太坊生态系统的第一个 NFT，被视为 NFT 概念的开创之作。这幅作品于 2021 年以 140 万美元的高价拍卖，成为 NFT 市场的一次里程碑事件。这也引发了人们对 NFT 的广泛关注和探讨，NFT 逐渐成为数字艺术品市场上的一种新型数字资产。

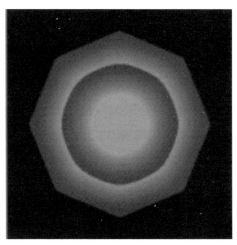

图 2-2 《量子》（*Quantum*）

尽管比特币区块链部分限制了 NFT 的发展，但是彩色币依旧给其他非同质化代币的发展带来了创新性示范。在此之后，NFT 一直默默发展。在 2016 年和 2017 年年初，Counterparty.io 推出 Rare Pepe Directory，以及 JohnWatkinson 和 MattHall 共同推出 CryptoPunks，开启了 NFT 收藏品系列项目的开发潮。一直到 2017 年 9 月，GitHub 的贡献者 Dieter Shirley 为了改进 Gas 效率，提出了 ERC-721 标准（Ethereum Request for Comment）。同样在本次提案中，Dieter Shirley 首次提到"Non-Fungible Token"这个词，新通证标准的推出使得 NFT 迎来了真正的繁荣。

同样是在 2017 年，随着比特币价格的飙升，整个加密货币市场掀起了一场狂欢。在这场加密货币狂欢中，以太坊成为了焦点。同年，结合 ERC-721 标准推出的项目加密猫 CryptoKitties 在以太坊上线，为整个加密货币市场带来了新的热点。加密猫是一款基于区块链技术的虚拟宠物收集游戏，它允许用户收集、繁殖和交易虚拟宠物。这个游戏的创新点在于用户可以根据已有的 NFT 创造出全新的 NFT。CryptoKitties 一经推出，便迅速爆红，并将 NFT 的概念带进了大众视野。

CryptoKitties 的成功，推动了 NFT 市场的发展。随着 NFT 的不断普及和应用，NFT 市场的规模不断扩大，包括艺术品、音乐、游戏、虚拟房地产、体育明星等各个领域的数字内容都在 NFT 化。特别是在艺术品领域，NFT 的应用日益受到关注，许多文化机构和艺术家也开始尝试将自己的艺术品 NFT 化，以便更好地保护和管理艺术品的所有权。

从 2012 年的彩色币到 2021 年的"NFT 元年"，经过 10 年的发展，NFT 将区块链技术提升到 Web3.0 时代的新高度，并改变着数字经济。根据 Nonfungible 数据显示，2021 年 NFT 市场迎来爆发性增长，2021 年第二季度 NFT 市场交易额达 7.54 亿美元，同比 / 环比增长 3453%/48%。

2.2 价值探讨：关于 NFT 的价值与使用价值

当一个初学者开始了解 NFT 时，很有可能会被部分 NFT 的价格震惊到，比如 Bored Ape Yacht Club（BAYC）这样的项目，其在 OpenSea 上出售的无聊猿价格在 20 万美元左右。这些高价的 NFT 艺术品常常被认为是一种浮夸、奢侈以及非理性的象征，但这并不是 NFT 的核心价值所在。

NFT 的核心价值在于它提供了一种去中心化的、透明的、可验证的数字资产交易方式。不同于传统的数字资产，NFT 具有唯一性和不可分割性，能够确保数字资产的所有权和真实性。通过 NFT，数字内容创作者可以直接将自己的数字作品转化为数字资产，实现数字内容的所有权保护和价值提高。NFT 市场的价格波动并不代表其本身的价值，而是由市场供需关系决定。NFT 市场的涨跌与艺术品市场类似，由市场需求和社会认知来决定。NFT 价格的高低取决于市场对其价值的认可程度，而不是其本身的价格标签。

回归正题，当我们在谈论 NFT 的价值时，首先会引入一个概念，即 NFT 的机制框架。

NFT 的价值 = 实用价值 + 所有权价值 + 未来价值 + 身份价值 + 美学价值

根据 NFT 所代表的资产不同，这五个组成部分在价值上的权重将会不同。投资者可以使用这个框架来评估某个 NFT 是否值得投资，而 NFT 开发者也可以使用这个框架来思考是否增加 NFT 的价值以吸引用户和投资者的注意。

1. 实用价值

实用价值是 NFT 的一个重要特点，它决定了 NFT 的使用方式和价值。目前，NFT 的两个使用价值较高的类别是游戏资产和门票。在游戏领域，NFT 被广泛用于游戏资产，例如游戏中的武器、装备、道具等。这些 NFT 资产的价值取决于它们在游戏中的实用性和稀缺性。一些游戏资产的 NFT 售价可达数千美元，甚至数十万美元。例如，一艘罕见且强大的 Crypto Space Commander 战舰在 2019 年以 4.5 万美元的价格售出，而且它仅仅是一个游戏中的虚拟资产。

另一个实用价值的维度是在不同应用程序中使用 NFT 的能力。如果玩家可以在不同的游戏中使用相同的道具，那么作为游戏道具的 NFT 价值一定会更高，这种跨应用程序的使用方式可以提高

NFT 的实用性和流动性，从而增加其价值。除游戏资产和门票外，NFT 还可以在其他领域发挥实用价值。例如，在虚拟房地产领域，NFT 可以用作虚拟土地的所有权证明，为虚拟房地产交易提供保障；在艺术品领域，NFT 可以用作数字艺术品的所有权证明和交易方式，保护艺术家的权益和价值。

如果进一步进行延伸，能够直观阐述 NFT 实用价值的案例是 AssangeDAO 组织安排解救澳大利亚社会活动家朱利安·阿桑奇而设立的 NFT 与 AssangeDAO。2022 年年初，AssangeDAO 为了资助 WikiLeaks 创始人 Julian Assange 的法律辩护，发布了 Pak's Clock NFT 并以 16 953 个 ETH，约为 5 270 万美元价格售出。

这个 NFT 的实用价值在于它的唯一性和稀缺性，以及它背后的社会和政治意义；这个 NFT 代表了 AssangeDAO 组织为解救朱利安·阿桑奇所做出的努力和贡献，而且是唯一的、不可替代的数字资产。它的售出为阿桑奇的法律辩护提供了资金，表明了支持阿桑奇和 WikiLeaks 的人们强烈信仰和价值观；这个 NFT 的实际使用价值可能不是很高，但它的社会和政治意义，以及对数字资产交易方式的探索，使其具有了很高的历史和文化价值。

2. 所有权价值

所有权价值是 NFT 的另一个重要特点，它取决于 NFT 的发行者和当前的所有者。著名艺术家或大品牌公司创建并发行的 NFT 往往具有较高的所有权价值，因为它们背后的品牌认知和社会价值更高。常规而言，增加 NFT 的所有权价值有以下两种方式。

第一种方式是与大品牌公司或名人合作发行 NFT，这会为 NFT 的发售带来足够多的曝光量和认知度。与著名品牌或名人合作发行 NFT，可以借助他们的社会和文化影响力，扩大 NFT 的受众和市场。例如,许多著名品牌和名人都已经开始发行自己的 NFT,这些 NFT 的销售量和价格都非常可观。通过与这些品牌或名人合作,可以提高 NFT 的知名度和市场价值,从而增加其所有权价值。

第二种方式是在二级市场上转售那些由名人拥有的 NFT。例如,OpenSea 可以突出显示从交易 NFT 中获得最多收益的投资者地址并列出他们拥有的 NFT。如果一个名人拥有一个 NFT,并且在二级市场上被高价出售,那么这个 NFT 的所有权价值也会相应地提高。这种方式可以通过在二级市场上购买或交易名人拥有的 NFT,而增加 NFT 的所有权价值。

3. 未来价值

NFT 的未来价值来自估值变化和未来现金流。估值是由投机驱动的,也是价格提高的主要推动因素。例如,在 2017 年 12 月,CryptoKitty # 18(如图 2-3 所示)的价格在三天内从 9ETH 攀升至 253ETH。这种价格波动是由投机行为驱动的,它体现了人类的本性和当前金融系统中的重要因素。由于 NFT 的供应稀缺性和投机因素,可以通过展示 NFT 价格图表和宣传升值 NFT 等方式来调动市场情绪,引导投机行为。

图 2-3　CryptoKitty#18(NFT)

除了估值变化,未来现金流也是 NFT 的重要价值来源。未来现金流是指 NFT 原始所有者所获得的利息或版税。例如,SuperRare

允许NFT艺术品的创作者在二级市场上每销售一件作品就可以获得3%的版税。未来现金流的价值取决于NFT的实际使用价值和市场需求。如果NFT具有稀缺性和高需求，那么未来现金流的价值也会相应地提高。

对于NFT购买者来说，他们的购买决策往往基于对未来价值的预估，而不是当前的价格。例如，假设当红歌手Lady Gaga在走红前一首歌的版权是200美元，我们发现了Lady Gaga的潜力并购买了歌曲的版权。等到今天，我们会发现版权已增值到上千万美元。这种情况表明，NFT的未来价值可以通过对市场和文化趋势的预测和发现，以及对稀缺性和需求的准确评估，实现更高的投资回报率。

4. 身份价值

我们的身份对日常生活有着内在的重要性，它与我们的个人背景、社会地位以及价值观息息相关。在现代社会中，每个人都会选择一种表现形式来向世界展示自己，以便社会中的其他人能够了解自己的身份和背景，这也是为什么我们经常会使用物品来表达自己的身份和地位，比如戴一块昂贵的手表来显示自己的财富。

虽然NFT是一个抽象概念，但它也符合展示身份的原理。通过使用NFT，我们可以在加密世界中向他人展示自己的身份和背景。比如，在元宇宙的画廊中展示一幅珍贵的画作来表示我们的品位，或将NFT设置为我们的个人档案头像，以便他人能直观地了解我们的身份。由于NFT的稀缺性和独特性，它的价值也可以被附加上去。

越来越多的收藏家开始将NFT作为他们的数字身份，这种证明身份的行为也扩大了NFT的生态系统。例如，Cryptopunks（如图2-4所示）持有者Richard拒绝了高达950万美元的求购报价，他希望能够一直拥有这个头像，因为对他来说，这个 NFT 身份是无价的。这种行为不仅表现出人们对自己身份的认同和重视，也表明了 NFT 在数字世界中的价值。

图 2-4　Cryptopunks 头像

5. 美学价值

自古以来，艺术一直是人类文化的重要组成部分。通过艺术这个表达媒介，人类可以描绘创造力、梦想和愿景，传达情感和思想。过去人们常提的艺术通常是由雕塑、壁画等形式呈现，但是随着数字技术的发展，现阶段的艺术通常是以数字的形式存在，艺术已由传统形式发展为 gif、jpeg 等形式。

NFT 作为数字媒介，为数字艺术提供了更广阔的发展空间。NFT 不仅具有唯一性，还具有不可篡改性，因此艺术家可以更好地保护他们的版权和创作权益。通过 NFT，艺术家可以进一步释放他们的艺术潜力，并产生更多的表达形式。此外，NFT 的数字化特性还可以为艺术家提供更多的创作灵感和可能性。

数字艺术品的出现和 NFT 的兴起也使艺术市场变得更加透明和公正。传统艺术市场通常存在着信息不对称和价值评估不准确的问题，而 NFT 的数字化特性和采用的区块链技术可以让艺术品的交易更加透明和公正，让市场实现更加准确的价值评估和更好的流通性。

在 NFT 艺术市场中，加拿大的艺术家 Mad Dog Jones 备受关注。他独特的风格和将艺术与音乐的融合创新，让他的作品充满了动态和超现实的概念。在 2021 年 6 月的一次创作中，他将摩托车头盔内的面部进行色彩的渲染，展示大都市美学的生动，创作出一款 MP4 形式的 NFT。这款名为 *Visor*（如图 2-5 所示）的 NFT 作品在"Sotheby's Natively Digital：NFT 拍卖会"中以 20.16 万美元的高价成交，使他在 NFT 艺术市场上的地位进一步加固。

图 2-5 *Visor* 艺术作品

Mad Dog Jones 的创作风格和作品特点与传统艺术形式不同，他将艺术与音乐相结合，将数字技术与现实生活相融合，创造出独具特色的艺术作品。通过 NFT，他的作品可以更好地保护版权和收益权益，同时也为他的创作带来更广阔的市场和机会。Mad Dog Jones 的成功反映了数字艺术市场的发展和变化。随着数字技术的发展和 NFT 的兴起，数字艺术市场正逐渐脱颖而出，并与传统艺术市场共同构成一个更加完整和多元的艺术生态系统。

在当前阶段，NFT 作为一种能够产生社会影响力的地位象征，已经引起越来越多品牌营销人员的关注，并且越来越多营销人员开始利用 NFT 进行品牌营销。NFT 的独特性、稀缺性和不可替代性使其成为一个具有很高价值的数字资产，这也为品牌方提供了一个新的营销手段。

与传统的品牌营销方式不同，NFT 允许所有者完全拥有 NFT 的商业权利，并且可以重塑营销策略，将 NFT 作为一种独特的权益或奖励方式，为品牌带来更多的曝光率和更好的口碑。此外，每一个 NFT 都具有独特的信息和价值，这也为品牌方制造更广泛的市场吸引力提供了可能。此外，NFT 还可以为品牌方带来更紧密的社群关系。通过为持有其 NFT 的客户提供额外的福利和特权，品牌方可以增强与客户之间的联系，并且培养更忠诚的客户群体。这些福利可以是独特的数字资产、限量版商品、优惠券或者其他实物奖励等，这些福利不仅可以激励持有者继续支持品牌，还可以吸引更多的用户加入到品牌社群中。

星巴克奥德赛的 NFT 营销之旅

2022 年 9 月，星巴克宣布推出 Web3.0 项目"星巴克奥德赛"，如图 2-6 所示，旨在将 Starbucks Rewards（星享俱乐部计划）与咖啡主题 NFT 相结合，提高客户忠诚度。该项目建立在 Web3.0 技术之上，旨在将第三空间与数字世界连接起来，使星享俱乐部成为数字社区的一部分，并将会员联系到一起，为会员和合作伙伴（员工）提供新的体验。

在 2023 年 3 月 10 日凌晨，星巴克发布了第一个付费 NFT 作品 *Siren Collection*（海妖合集），共发行 2000 个，每个售价为 100 美元，仅 18 分钟就完全售罄。这些 NFT 为星巴克重新设计了公司经典Siren（海妖）徽标（如图2-7所示），仅限收藏和装饰目的，不能用于换领实际奖品（例如咖啡）。但是，这些NFT的背后是构建的Web3.0会员体系，目的是让最忠实的客户获得更广泛、更多样化的奖励。在"星巴克奥德赛"计划中，"限量版邮票"NFT只是第一步。会员通过收集"邮票"，增加积分，从而获得前所未有的独特福利和体验。这些福利要远远超出星巴克传统的"stars"奖励，其中包括虚拟浓缩咖啡马提尼制作课程、独特的商品与艺术家的合作，还有机会受邀参加星巴克储备咖啡烘焙厂的独家活动。更有趣的是，会员甚至有机会造访位于哥斯达黎加的星巴克哈西恩达阿尔萨西亚咖啡农场。

图2-6　星巴克的NFT营销

图2-7　Siren，海妖NFT

星巴克官方计划将"星巴克奥德赛"平台与店内消费等线下活动结合,以提高会员的参与度和忠诚度。例如,会员可以参加"尝试菜单上三种浓缩咖啡"挑战,通过出示 Barcode 条码,在结账时将消费次数记录在 Starbucks Odyssey 中。这种"游戏化"的方式,丰富了与会员的沟通形式,提升了用户的积极性和参与度。通过这种方式,星巴克可以更好地拉近品牌和会员之间的联系,让会员不再只是单纯的身份,而是成为品牌社区里的一员,拥有对品牌的话语权,参与品牌的生产流程,进而提高会员对品牌的忠诚度,还可以让会员与品牌合作伙伴一起成长,共同推动品牌的发展。

"星巴克奥德赛"项目中,星巴克以 NFT 为切入点,将线上和线下相结合,通过数字资产的形式为会员提供更多的体验和福利,并且吸引更多的年轻消费者加入到品牌社区中。星巴克的这个实践证明 NFT 在品牌营销中具有巨大潜力,以及 Web3.0 技术在构建数字社区中重要作用。

2.3 BAYC 无聊猿游艇俱乐部:NFT 市场的模范社区

2.3.1 BAYC 的朋克社区价值观

Bored Ape Yacht Club(BAYC)是一个独特而受欢迎的 NFT 社区,是目前少数几个获得显著关注的 NFT 项目之一。根据 OpenSea 市场数据显示,该系列每天的销售额超过 1000 ETH,这表明了该项目的流行程度和市场价值。BAYC 是由 Yuga Labs 于 2021 年 4 月推出的,包含 10 000 个具有不同特征和独特特征的猿主题 NFT。每个独一无二的图像都由包括帽子、眼睛、神态、服装、头饰、背景等 170 多种属性以编程方式生成,为每个 NFT 赋予了独特的价值。BAYC NFT 持有者可以成为俱乐部会员并享受专属权益，这进一步提高了 NFT 的价值和吸引力。如图 2-8 所示为 OpenSea 上展示的 BAYC。

图 2-8　OpenSea 上展示的 BAYC

BAYC 的故事设定在 2031 年，一群人猿聚集在一个沼泽俱乐部里，因为富有和无聊使它们逐渐变得"奇怪"。这个故事背景为 NFT 赋予了更多的情感和生动性，使得 BAYC 成为一个不仅仅是数字资产的社区，而是一个拥有自己独特世界观和故事的虚拟社区。

BAYC 项目方 Yuga Labs 团队的创始人有四位，分别是 Gargamel、Gordon、Tomato 和 Sass。这四位加密爱好者于 2021 年 2 月成立了 Yuga Labs，并在一群自由插画家的帮助下，创造出一群衣衫褴褛、朋克风格、厌世的人猿，就此开启了属于无聊猿的 NFT 时代。如图 2-9 所示为 Yuga Labs 团队创始人的 NFT 形象。

图 2-9　Yuga Labs 团队创始人的 NFT 形象

Bored Ape Yacht Club（BAYC）不仅是一组猿猴图片，更是一个真正的俱乐部，每一个 BAYC 持有者和 BAYC 项目方 Yuga Labs 都是该俱乐部的成员，共同活跃在加密世界和现实世界中。在这个俱乐部中，拥有 BAYC NFT 的人可以享受到一系列特权和福利，成为这个虚拟社区的成员。

2.3.2　BAYC 俱乐部激励机制简介

BAYC NFT 不仅是数字资产，也是一种俱乐部会员卡。持有者可以获得完全的所有权和商业使用权，这意味着他们可以自由地使用和转移自己的 BAYC NFT，包括出售、拍卖或与其他人交换。此外，BAYC 俱乐部为其会员提供了一款独特的涂鸦工具，只对拥有至少一只猿的钱包所有者开放。这款涂鸦工具位于俱乐部浴室中，所有者可以在画布上绘制或书写任何东西，但每 1 分钟只能绘制 15 个像素。这种互动式的体验为 BAYC 持有者带来了更多的价值和乐趣。另外，BAYC 还为其会员提供了线下会议和活动的机会，让会员们能够在现实世界中互相交流和互动。这些活动包括艺术展览、媒体聚会、派对和社交活动等。通过这些活动，BAYC 会员能够更深入地了解彼此，并构建更加紧密的社区。

随着 BAYC 路线图的进展，会员还可以得到更多的利益。这些利益可能包括独家社区活动、个性化的虚拟空间和其他奖励等。BAYC 的这些特权和福利，使其成为一个主要由名人组成的会员制协会，吸引了许多数字资产爱好者和投资者加入这个虚拟社区中。这种俱乐部化的运营模式，为 NFT 的发展和应用带来了更多的可能性，为数字资产的营销和推广提供了新的思路和模式。

Bored Ape Yacht Club（BAYC）的经济模型非常独特，其中最大的经济激励来自 BAYC 在二级市场的流通。每当 BAYC 在二级市场中交易时，BAYC 项目方 Yuga Labs 都会收取 2.5% 的手续费。这意味着，无论是第一次还是第 N 次转售 BAYC NFT，Yuga Labs 都会从中获得一定的收入。这种模式在传统世界中是难以实现的。以潮牌顶流 Supreme 为例，即使每一件带有 Supreme Logo 的商品在二级市场中都能够达到发售价的几倍，但 Supreme 官方却无法对这些二级交易征收任何手续费。而在加密世界中，情况则大不相同。Yuga Labs 在智能合约中对后续进行了明确规定，任何后续的交易都会为 Yuga Labs 带来收入，这为 Yuga Labs 提供了足够的激励来推动 BAYC 的持有者不断转卖自己的猿猴。

这种经济模型为 BAYC 项目方和持有者创造了双赢的局面。持有者可以在二级市场中获得更高的收益，而项目方也能从中获得收入，同时还能够控制 BAYC NFT 的价格稳定性，避免价格波动过大。这种模式也鼓励了持有者之间的交互和交易，进一步促进了 BAYC 的流通性和认知度。

对于用户而言，购买 Bored Ape Yacht Club（BAYC）NFT 不仅能够获得猿猴的所有权，还可以获得许多会员奖励，使持有 BAYC NFT 的用户可以从中获得更多的价值和乐趣。这些奖励包括专供猿猴所有者购买的商品、对项目资金去向的发言权、寻宝游戏、线下聚会等会员活动，以及每只猿猴的商业使用权。

其中，每只猿猴的商业使用权对用户来说无疑是最重要的，这意味着 BAYC 持有者可以将自己的猿猴图案用于自己的商品和营销活动中，从而展示自己的身份认同和价值观。这为 BAYC 持有者带来了在现实生活中的展示机会，增强了他们的身份认同感，并为 BAYC 带来更多的出圈机会，从而增加了 BAYC 的价值。例如，巴西足球运动员内马尔在 2022 年 1 月以超过 100 万美元的价格购买了两只 BAYC，并在推特上高调宣布了这一消息，向全世界宣告自己对这两只猿猴的所有权。这种社交效应进一步推高了 BAYC 的知名度和价值。

BAYC 的会员奖励和商业使用权为用户带来了丰富的价值和乐趣，加强了 BAYC 社区的凝聚力和认同感，推动了数字资产和 NFT 的发展以及创新，为数字经济的未来发展提供了新的思路和实践。

2.3.3 BAYC 的商业创新赋能

虽然 BAYC 是一个 Web3.0 项目，但其也拥有强大的 Web2.0 资源，这得益于 Yuga Labs 对 BAYC 持有者的赋能。这些持有者不仅包括之前提到的巴西球员内马尔等名人，还有全球巨星贾斯汀·比伯等，他们都免费为 BAYC 代言，如图 2-10 所示。

图 2-10　许多明星都购置了 BAYC

除此之外，一些 Web2.0 机构也在开发 BAYC 的商业价值，例如环球音乐集团和好莱坞机构 Creative Artists Agency 等，这些机构帮助BAYC与其他行业进行合作，例如将BAYC的猿猴图案应用于音乐视频和电影中，从而扩大了BAYC的知名度和影响力，这些合作也为BAYC带来了更多的商业机会和收益。

同时，BAYC的社交媒体平台上也拥有大量的关注者，这些关注者不仅有BAYC的持有者，还包括一些Web2.0社交媒体上的名人。他们在社交媒体上分享自己对BAYC的看法和经验，从而进一步提高了BAYC的知名度和社交效应。这些社交媒体上的名人也为BAYC带来了更多的曝光和粉丝，进一步扩大了BAYC的影响力和价值。

在时尚领域，BAYC还与一些知名品牌，如Nike和Burger King等合作，将BAYC的形象与这些品牌联系在一起，增加了BAYC的知名度和价值。即使在国内，BAYC也非常出圈，如在2022年，BAYC就联合中国李宁进行了一系列IP营销活动，为李宁和BAYC带来了一拨又一拨的营销声量，如图2-11所示。

图2-11　中国李宁的BAYC

这些社群之外的力量促使BAYC在短时间内迅速出圈，并将

Web2.0 和 Web3.0 的世界连接起来。BAYC 的成功证明了数字资产和 NFT 与传统商业模式可以融合和创新，为未来数字经济的发展提供了新的思路和实践。

BAYC 有望成为一个拥有顶级影响力的品牌，目前它的文化影响力可以与 Supreme 相媲美，而且它的社会信号也不亚于 Gucci 和 CHANEL 等高级时尚品牌。随着 BAYC 生态系统的成长和发展，它在 Web3.0 世界中的影响力和意义也在不断提升。此外，类似于阿迪达斯的主流合作伙伴关系以及正在筹备中的 BAYC 电影三部曲也将进一步提高它在 Web2.0 中的知名度。

由于 BAYC 的持有者将被赋予完全的商业权利和对其 NFT 的控制权，在可预见的未来，BAYC 的持有者会有机会凭着自己的所有权成为名人。因为 BAYC 持有者可以充分利用其拥有的商业权利，将 NFT 用于多种媒介，如书籍、漫画、动画等，从而扩大其影响力和知名度。品牌和电影也使用 BAYC 形象作为广告或电影中的角色，进一步提高了其知名度。具有特定特征的 BAYC 也将在各种媒介中出现，进一步扩大其曝光度。因此，随着 BAYC 在虚拟世界中的地位不断提高，持有者将有更多机会将其收藏品展示给更广泛的受众群体，从而进一步提升持有者影响力和地位。

随着 BAYC 在虚拟世界中的知名度和影响力不断提高，其 NFT 收藏品也成为当今数字资产市场中备受追捧的宝藏。这些 NFT 作品不仅仅是数字艺术品，更代表了一种文化符号和身份认同。BAYC 的独特设计和限量发行，使其成为收藏家们追捧的对象。在这个时代，人们不再只是将收藏品视为一种资产，更多的是将其作为一种文化和历史的传承。在这些大众媒体的观察以及即将到来的"Otherside"虚拟世界之间，BAYC 正在开创具有文化意义的 NFT 收藏品时代。

2.4 FT 与 NFT 入门指南：找项目 + 介入战略 + 买后管理

在前面已经对 NFT 做了简单的介绍，作为普通参与者，我们如何在目前鱼龙混杂的 NFT 项目里淘到属于我们自己的"第一桶金"呢？接下来，将会介绍独属于 NFT 的"淘金技巧"以及"淘后管理"。

2.4.1 寻找优质 NFT 社区

在加密世界中，NFT 项目的数量不断增加，许多人都想从中寻找好的项目来投资。但是，由于 NFT 市场的竞争非常激烈，因此很难分辨项目的好坏。这时，加入 NFT 社区就成为一个非常好的选择。

基本上每个 NFT 项目都会开放自己的 Discord 社区，该社区往往会充当该 NFT 项目的筹备场所。通过加入 Discord 社区，人们可以与项目创建者进行交流，了解该项目的详细情况。同时，项目创建者也可以通过与潜在的买家进行交流，了解市场需求，并根据需求进行相应的调整。这种交流方式不仅可以帮助买家了解项目的情况，还可以帮助项目创建者了解市场需求，并根据需求进行相应的调整。除此之外，加入 Discord 社区还可以让人们更好地了解项目的发展情况。项目创建者会在社区中分享新的发行计划、合作伙伴关系等信息，这样人们就可以及时了解项目的最新动态，从而更好地把握市场变化，做出更明智的投资决策。

在了解 NFT 项目时，查看 Discord 服务器是一种非常重要的方法。因为通过查看社区会员数量和活跃度，人们可以初步了解该项目的需求情况。一方面，如果社区成员数量众多，并且在聊天中表现得十分活跃，那么该项目很可能具有高需求。因为如果一个项目具有很高的需求，那么社区自然而然地会吸引更多的人加入，并且社区中的成员也会更加活跃，因为他们对这个项目非常感兴趣。

另一方面，我们还需要关注项目的创建者在社区中的存在感。如果他们能够始终保持对项目的开放和忠诚，并且在社区中积极参与讨论，那么该项目会越来越火。因为一个好的项目创建者应该始终与社区保持联系，了解社区的需求和反馈，并且及时回答社区成员的问题。如果一个项目创建者能够在社区中展现出这些特质，那么该项目很可能会获得更多的支持和认可。

除了查看 Discord 服务器外，使用社交媒体网站如 Twitter 和 Instagram 也是寻找活跃 NFT 社区的一种方式。然而，我们不能单纯地通过项目方在社交媒体上的粉丝数量来判断项目的知名度，因为有些项目方可能会购买粉丝数来包装自己。因此，我们需要采用更为可靠的方法来检查项目的受欢迎程度。

具体来说，我们可以查看社区成员是否喜欢/转发/评论与项目相关的帖子。如果社区成员对项目表现出积极的反应，那么意味着该项目受到了广泛关注和认可。另外，我们还可以关注社交媒体上的一些知名 NFT 账号，这些账号通常会关注和分享一些优质的 NFT 项目。通过这种方式，我们可以更加准确地了解 NFT 项目的受欢迎程度，从而更好地把握市场机会。

同时，除了关注项目本身，我们还可以关注一些 NFT 社区的大 V 或者 KOL，这些大 V 通常会在社交媒体上分享一些关于 NFT 市场的信息和趋势，这对我们了解市场动态也是非常有帮助的。使用社交媒体网站来寻找活跃 NFT 社区是非常有效的方法。然而，我们需要采用更为可靠的方法来检查项目的真正受欢迎程度，而不是单纯地通过项目方在社交媒体上的粉丝数量来判断项目的知名度。通过观察社区成员的反应和关注一些 NFT 社区的大 V，我们可以更加准确地了解 NFT 项目的受欢迎程度和市场动态，从而更好地把握市场机会。如图 2-12 所示为 Azuki 的推特首页。

图 2-12　Azuki 的推特首页

2.4.2　调查项目创始人的记录

在投资 NFT 计划之前，我们需要对项目负责人进行深入的调查。与普通的加密货币不同，NFT 是可溯源的。不能投资创始人是非公众人物或使用假名的项目，这些项目可能会存在欺诈行为，因此我们需要保持警惕。

为了避免掉进骗局里，我们需要了解项目负责人的身份和背景。具体来说，我们可以查看项目负责人的社交媒体账号、个人网站、专业背景等信息，以了解他们的专业能力和信誉度。我们需要确认项目负责人的身份和背景，并确保他们的身份和背景信息是真实可靠的。

在调查项目负责人时，我们需要特别注意以下几个方面。

- 确认项目负责人的身份是否真实。一些骗子会使用假名或伪造身份来欺骗投资者。

- 了解项目负责人的专业背景和工作经历。如果他们有相关的专业知识和经验，那么他们更有可能成功地推出一个好的 NFT 项目。
- 查看项目负责人的社交媒体账号和个人网站。通过这些渠道，我们可以了解他们的思路、价值观以及他们在社区中的声誉。
- 注意项目负责人的言行举止是否真实可信。如果他们的言行举止不真实或存在不良记录，可能会对项目的信誉度造成负面影响。

对于普通参与者来说，通过查看创始人以前的工作成果来核查创始人的声誉也是一个好办法。一个优质的 NFT 项目创始人会经常在社区中现身，并且可能参与过其他的早期项目。通过调查这些项目现在的状态，并且统计早期项目在各个社交媒体中的粉丝总数，可以很好地帮助用户发现优质 NFT 项目。最关键的是，支持具有执行力的创始人，即使他们在过去的企业中可能亏了钱。在面对全新的市场波动时，他们会更好地处理危机。

2.4.3 购买后管理

基本上我们购买的 NFT 类型很大程度上决定了可以用它做什么。NFT 绝对具有货币价值，可以使用加密货币购买或出售。据称每个月有约 25 万人在 OpenSea 上交易 NFT。不同类型的 NFT 可以用于不同的用途。例如，游戏中的 NFT 可以用作游戏中的道具或装备；艺术品中的 NFT 可以用于收藏和展示；音乐和视频中的 NFT 则可以用于版权保护和获得收益等。

需要注意的是，购买 NFT 并不赋予买方与代币相关的底层媒体的合法所有权。我们购买的实际上是独特或非同质化代币的密钥，我们可以用其来交易、展示或持有代币。因此，购买 NFT 并不等同于购买实际的艺术品、音乐或视频等媒体。虽然 NFT 本身具有独特性和不可替代性，但它们只代表着媒体的一个数字版本，而不是实际的物理媒体。

在购买 NFT 的情感和声望方面，拥有 NFT 就像拥有稀有的东西。购买 NFT 已经成为一种身份的象征，可以在同龄人中炫耀，以及作为拥有财富的象征，甚至更像是技术先进和意识的象征。这种情感和声望的影响已经显现出来，最贵的 NFT 价值已经超过 9180 万美元，这个市场每天都在变得更加富有。

社交媒体已经为 NFT 提供了充足的曝光，这就是为什么现在拥有 NFT 是一件时髦的事情，就像拥有 Gucci 包或最新的 iPhone 一样，只是在这种情况下，NFT 比上述物品更有价值，并且是升值资产，而不是只会随着时间贬值的资产。购买 NFT 已经成为一种个人品位和身份的象征，这也解释了为什么越来越多的人加入这个市场中。

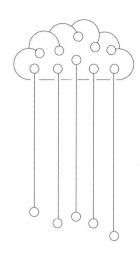

第 3 章
元宇宙

2018年，著名导演斯皮尔伯格上映了一部名为《头号玩家》的科幻电影，该电影通过虚拟世界"绿洲"展现了一个充满想象力和可能性的未来世界。在"绿洲"中，人们可以通过虚拟现实技术身临其境地参与各种游戏和互动体验，以及社交交流，使得日常生活变得更加丰富有趣。

而回归现实当中，"绿洲"离我们还有多遥远？或许它就在此刻，就在当下。

它的名字就叫元宇宙。

3.1　历史梳理：从《神经漫游者》到 Apple Vision——元宇宙是如何从科幻变为现实的

元宇宙是一种虚拟现实环境，是一个由数字世界和现实世界交互所构成的生态系统，其中包含各种数字资产和虚拟世界中的场景。与传统的视频游戏或虚拟现实体验不同，元宇宙不仅提供了更加逼真和沉浸的虚拟体验，还可以让用户自由地探索和创造自己的虚拟世界。在元宇宙中，用户可以自由地与其他人交互，可以购买、出售和交换数字资产，甚至可以开展虚拟商业活动。

细数元宇宙的诞生与发展历史，可以说是一场人类将科幻小说落地成现实的历史。

3.1.1　元宇宙概念源起：来自科幻与科学的未来启示

如果要挖掘元宇宙的概念起源，最早可以追溯到由美国作家威廉·吉布森于 1984 年出版的一部科幻小说《神经漫游者》，如图 3-1 所示。在小说中，吉布森描绘了一个名为"矩阵"（Matrix）的虚拟现实世界，其中人们可以通过神经接口来进入这个数字世界，进行各种活动和交互。这个虚拟现实世界包含了无限的信息和资源，人们可以自由地探索和创造。在小说中，吉布森这样描述到：

图 3-1　《神经漫游者》小说

"数十亿合法经营者，每个国家都有，甚至包括正在学习数学概念的孩子，每天都会体验到一种共识性幻觉……它是从人类系统中每台计算机的数据库抽象出来的图形化数据表达。难以想象的复杂性。光线在人脑的非空间中排列成线和星座，由数据组成的聚类和星群。"

得益于威廉·吉布森惊为天人的想象力，《神经漫游者》被认为是虚拟现实技术的启示之一。在小说中，吉布森描绘的虚拟现实世界和现实世界之间的关系，预示了未来数字技术和现实世界之间的交互。此外，小说中的神经接口技术也成为后来虚拟现实技术的一个重要组成部分。

在"元宇宙"概念正式提出之前，我国科学家钱学森也在通向未来的科幻道路上留下了惊鸿一瞥——灵境。

1990年11月27日，钱学森给时任国家"863"计划智能计算机专家组组长、同时也是自己的弟子汪成为写了一封信，表示自己将"Virtual Reality"（虚拟现实技术）一词翻译成"灵境"。据钱学森在信中的解释，他认为"灵境"这个词比"临境"更为合适，因为"灵境"所描述的境界是虚拟的、非实际存在的，如图3-2所示。

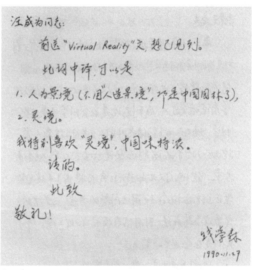

图3-2　钱学森将"Virtual Reality"翻译成"灵境"

1998年6月，87岁的钱学森又写了一篇短文，题为《用"灵境"是实事求是的》。在这篇短文中，他进一步阐述了对于"灵境"这个词的理解和应用。他认为，"灵境"是一个能够体现虚拟现实技术本质的词汇，因为它不仅能够描述虚拟世界的非实际性和虚幻性，还能够体现虚拟世界中存在的灵活性、变化性和无限创造性。他认为，使用“灵境”这个词是实事求是的，因为它能够更为准确地表达虚拟现实技术的本质和特点。

钱学森的人工智能思想可以用八个字来概括，即“人机结合，以人为主”。他认为，人工智能的发展必须与人类的需求和价值相结合，以实现人机协同、共同进化的目标。

在钱学森的设想中，人机结合的发展是由浅层次走向深层次的。最初，人们通过电脑的辅助来学习、工作，这是一种“浅层次、合作性”的结合。随着技术的发展，人机结合将逐渐发展到“深层次、进化性”的结合，这需要人和计算机之间更加深入的融合和协同，如图 3-3 所示。

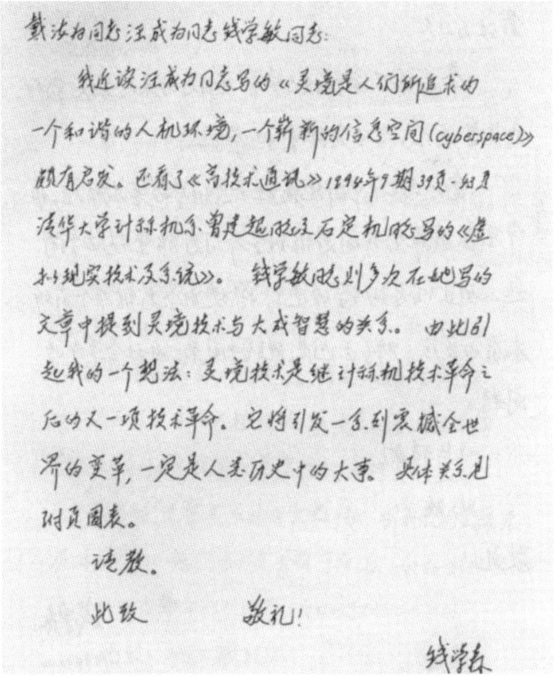

戴汝为同志、汪成为同志、钱学敏同志：

我近读汪成为同志写的《灵境是人们所追求的一个和谐的人机环境，一个崭新的信息空间（cyberspace）》颇有启发。还看了《高技术通讯》1994年7期39页-43页清华大学计算机系曾建超同志、石定机同志写的《虚拟现实技术及系统》。钱学敏同志则多次在她写的文章中提到灵境技术与大成智慧的关系。由此引起我的一个想法：灵境技术是继计算机技术革命之后的又一项技术革命。它将引发一系列震撼全世界的变革，一定是人类历史中的大事。具体关系见附页图表。

请教。

此致

敬礼！

钱学森

图 3-3 钱学森的人工智能思想

钱学森认为,"灵境"技术的发展将为人机结合的深度融合提供可能。他认为,"灵境"技术可以扩展人脑的感知能力,使人和计算机之间的结合达到全新的高度,这种深度结合将促进人类的思考和创造力,推动人工智能技术的发展,实现更为广泛而深入的人机协同。该理论显示了钱学森对于人工智能和虚拟现实的深刻理解和前瞻性思考,也指明了元宇宙未来发展的方向和底层思考。

1992 年,一本名为《雪崩》的科幻小说出版,如图 3-4 所示。这部作品被认为是元宇宙概念的早期参考文献之一。小说的作者 Neal Stephenson 构建了一个虚拟的城市环境,这个城市被称为"大都会",是一个由计算机程序构建的虚拟现实世界。大都会是一个极其复杂的虚拟城市,包含各种各样的虚拟场景和虚拟物品,如商店、公寓、赌场等。人们可以通过计算机和虚拟现实设备进入这个虚拟世界中,然后与其他用户进行互动。

借助 Metaverse,人们可以使用头戴式虚拟现实设备进入一个由多个虚拟现实空间组成的数字世界中,这些虚拟现实空间包括各种虚拟场景和虚拟城市,其中最著名的是一个名为 The Street 的虚拟城市,它是 Metaverse 中最繁华、最活跃的地区之一。在 The Street 中,人们可以自由地移动、交互、社交和购物。人们可以创建自己的虚拟人物,购买虚拟物品和虚拟土地,甚至可以在虚拟空间中进行虚拟交易。这些虚拟物品和虚拟土地的价值也随着市场需求的变化而变化,有时甚至可以达到现实世界中的价格。

图 3-4 科幻小说《雪崩》被认为是早期元宇宙场景

除了 The Street 以外，Metaverse 中还有许多其他的虚拟现实空间，包括游戏、虚拟现实模拟器、虚拟现实学习空间等。这些虚拟现实空间可以满足人们的各种需求和兴趣，使人们能够在虚拟世界中获得丰富的数字体验，甚至可以通过这个虚拟空间植入"源代码病毒"从而来影响现实中的用户。

小说中的元宇宙概念得到了广泛的关注和讨论，因为它预示着人们可以通过虚拟现实技术来创造出一个完全不同于现实世界的全新世界。这个世界是由计算机程序构建的，可以让人们在其中自由地探索、创造和交互。这种概念引起了科技和文化界的极大兴趣，也为人们探索虚拟现实的应用和可能性提供了新的思路和方向。时至今日我们所谈论的"元宇宙"及其相关概念，甚至对于元宇宙与游戏的区分定义以及对元宇宙技术的发展方向制定，几乎都诞生于此本小说。

3.1.2　元宇宙技术探索：从幻想走向现实的前进之路

科幻小说和科学理论常常被视为预示未来的窗口，它们为我们指明了未来的发展方向和可能性。在许多情况下，这些预示和构想激发了人们的创造力和创新精神，让科幻中的事物变得在现实中触手可及。

1. Second Life 的初次元宇宙尝试

2003 年，第一家在元宇宙领域"吃螃蟹"的企业出现了——Linden Lab。项目方推出了第一个虚拟社交平台 Second Life，它是一个基于用户生成内容的虚拟现实世界，为用户提供了一个自由创造和沉浸式体验的平台，如图 3-5 所示。

图 3-5　虚拟社交平台 Second Life

在 Second Life 中，用户可以创建自己的虚拟人物，称为"第二人生"，并可以通过头戴式虚拟现实设备或电脑客户端进入虚拟世界。用户可以自由地移动、交互、社交、购物以及建筑和创造内容。用户可以在虚拟空间中购买以及出售虚拟物品和虚拟土地，也可以创建自己的虚拟物品和虚拟土地并出售给其他用户。

Second Life 的虚拟现实世界非常逼真，包括大量的虚拟城市、虚拟海滩、虚拟山脉等虚拟场景。用户可以在其中参加各种虚拟活动，例如虚拟音乐会、虚拟比赛、虚拟聚会等。与此同时，Second Life 还提供了一个虚拟货币系统，称为 Linden Dollar，它可以用于购买虚拟物品和虚拟土地，并可以在虚拟市场上进行交易。用户可通过出售虚拟物品和虚拟土地以及参加虚拟活动等方式获得 Linden Dollar。

Second Life 的开放性和自由性吸引了大量的用户和创作者，使它成为虚拟世界的先驱。Second Life 对于元宇宙的发展具有重要的意义，它为后来的元宇宙平台提供了很多启示和经验。Second Life 的基础设施和用户生成内容模型为后来的元宇宙平台的开发提供了借鉴和参考，它也促进了虚拟经济的发展和虚拟现实技术的应用。

但令人遗憾的是，尽管 Second Life 是一个基于用户生成内容的虚拟世界，但由于基础算力、经济模型与虚拟交互方面的问题，虚拟经济的发展并没有达到预期，虚拟货币的价值难以维持和稳定，交易过程中也存在一些安全问题，Second Life 最终成为了元宇宙时代发展的一朵浪花。

2. Decentraland 的二次深度实践

2017 年，以太坊区块链平台推出了一个名为 Decentraland 的虚拟现实世界，这是一个基于区块链技术的元宇宙平台，它为用户提供了一个自由创造和沉浸式体验的平台，如图 3-6、图 3-7 所示。

在 Decentraland 中，用户可以购买虚拟土地，并在其上创建自己的虚拟现实环境，包括虚拟建筑、虚拟景观、虚拟艺术品等。用户可以自由地设计和构建他们的虚拟环境，并可以通过头戴式虚拟现实设备或电脑客户端进入虚拟世界。虚拟土地在 Decentraland 中是非常稀缺和有价值的，它们被分割成一块块的虚拟土地，每块土地都有一个独特的坐标和标识符。用户可以在虚拟市场上购买或出售虚拟土地，并可以在其上建造自己的虚拟环境。

图 3-6　Decentraland——虚拟现实世界

图 3-7　Decentraland——虚拟现实世界

Decentraland 的虚拟场景非常逼真，包括大量的虚拟城市、虚拟海滩、虚拟山脉等场景。用户可以在其中参加各种虚拟活动，例如参加虚拟音乐会、虚拟比赛、虚拟聚会等。

与 Second Life 相比，Decentraland 最大的创新点在于对区块链技术的应用。Decentraland 的经济模型基于区块链技术和 MANA 虚拟货币，它为用户提供了一个完整的经济体系，使得虚拟土地、虚拟物品和虚拟活动等都可以通过虚拟货币进行交易和流通。这种经济模型的建立为 Decentraland 的发展和应用提供了更多的可能性，也为元宇宙的发展提供了有益的探索和实践。

Decentraland 的经济模型基于区块链技术和 MANA 虚拟货币，为用户提供了一个完整的经济体系。相比于传统的虚拟经济模型，Decentraland 的经济模型具有很多优势。首先，它可以确保虚拟物品和虚拟土地的真实所有权和转移。在传统的虚拟经济中，虚拟物品和虚拟土地的所有权和转移往往不够清晰和明确，这会影响虚拟经济的发展和繁荣。而在 Decentraland 的经济模型中，所有的虚拟物品和虚拟土地都被记录在区块链上，可以进行真实的所有权转移，从而促进虚拟经济的发展和繁荣。

其次，Decentraland 的经济模型可以避免虚拟经济中的欺诈和不公平交易，保护用户的利益和权益。在传统的虚拟经济中，由于缺乏有效的监管和制度，经常出现欺诈和不公平交易的情况。而在 Decentraland 的经济模型中，所有的交易都被记录在区块链上，可以实现公开透明，避免欺诈和不公平交易的发生。

另外，Decentraland 的经济模型可以鼓励用户创造和分享虚拟内容，从而扩大虚拟世界的规模和多样性。在传统的虚拟经济中，因缺乏有效的激励机制，用户往往缺乏动力去创造和分享虚拟内容。而在 Decentraland 的经济模型中，用户可以通过创作和分享虚拟内容获得 MANA 虚拟货币的奖励，从而鼓励用户积极参与虚拟世界的建设和发展，扩大虚拟世界的规模和多样性。

Decentraland 的成功表明，元宇宙的发展需要更加开放、自由、创新和可持续的经济模型。区块链技术和虚拟货币的应用为元宇宙的发展提供了新的思路和方向,促进了虚拟经济的发展和创新,也为元宇宙的实现提供了更加坚实的基础。

3. Facebook 的元宇宙转向

2021 年 10 月,知名社交平台 Facebook 宣布将更名为 Meta,并表示将发展一个名为 Metaverse 的虚拟现实世界,该虚拟现实世界将超越目前的虚拟社交平台和游戏,成为一个更广泛的数字体验平台,如图 3-8 所示。这个计划引起了广泛的关注和热议,也为元宇宙的发展带来了新的机遇和挑战。

图 3-8　Facebook 改名 Meta

根据原 Facebook 的 CEO 扎克·伯格的表述,Metaverse 会是一个全新的虚拟现实世界,它将通过虚拟现实技术和人工智能技术,为用户提供更加真实、自由和沉浸式的数字体验。在 Metaverse 中,用户可以创造自己的虚拟身份,和其他用户进行互动、交流和合作,参加各种虚拟活动,包括虚拟工作、虚拟旅游、虚拟购物、虚拟娱乐等。

Meta 作为一个全球知名的社交平台，其进军元宇宙领域将具有重要的战略意义和影响力。Meta 已经积累了大量的用户和社交数据，可以通过这些数据和技术优势，快速建立起一个庞大的元宇宙生态系统。同时，Meta 作为一个知名企业，其进入元宇宙领域也将为该领域带来更多的关注和资源，促进该领域的发展和创新。

与以往相比，Meta 的突破性尝试之一便是硬件技术方面的创新和尝试。Meta 已经在这方面做出了很多努力，例如推出了 Oculus 虚拟现实头戴式设备（如图 3-9 所示）和 Horizon Workrooms 虚拟会议室（如图 3-10 所示）等产品，这些产品为用户提供了更加沉浸式和互动性的虚拟体验。

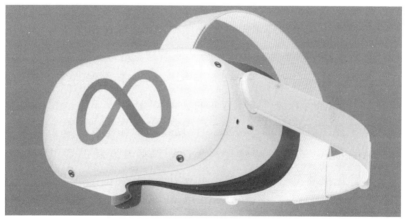

图 3-9　Oculus 虚拟现实头戴式设备

Oculus 头戴式虚拟现实设备是 Meta 推出的一款重要产品，它可以让用户更加真实地感受虚拟世界的存在。这款设备采用先进的虚拟现实（Virtual Reality，VR）技术，可以将用户带入一个完全沉浸式的虚拟世界，让用户可以自主进行各种虚拟体验，如游戏、社交、教育等。Oculus 头戴式虚拟现实设备是 Meta 在硬件技术方面的重要突破，也为元宇宙的发展提供了更加先进的技术支持。

图 3-10　Horizon Workrooms 虚拟会议室

Horizon Workrooms 虚拟会议室是 Meta 推出的另一个重要产品，它可以让用户在虚拟环境中进行会议和协作。该虚拟会议室可以让用户感觉身临其境地参加会议，与其他参与者进行实时交流和互动。Horizon Workrooms 虚拟会议室为用户提供了一种全新的会议和协作方式，也是 Meta 在硬件技术方面的又一次创新尝试。

除了推出硬件产品，Meta 还计划在未来几年投入数十亿美元用于 Metaverse 的研发和建设。该计划包括开发新的虚拟现实技术、构建虚拟环境、推出新的虚拟应用等。

尽管如此，Meta 进军元宇宙领域也面临着很多挑战。首先，元宇宙的发展需要多方面的技术支持和合作，Meta 需要与其他企业和技术公司合作，共同推动元宇宙的发展和创新。其次，元宇宙的发展也需要有效的监管和管理机制，防止出现安全和隐私问题，保护用户的权益和利益。最后，Meta 还需要面对来自其他竞争者的挑战，如腾讯、谷歌等，这些企业也在积极布局元宇宙领域，竞争将会非常激烈。

4. Apple Vision Pro 重燃"元宇宙热"

自 Meta 之后,元宇宙技术及其相关概念近两年便一直处于一种不温不火的状态,虽然在 2021 年曾有过一波短暂的热潮,国内华为、字节跳动,国外谷歌、亚马逊等公司纷纷入局,但在半年的狂欢过后"元宇宙"还是走向了消寂,Facebook 甚至因转型市值大幅度缩水。究其根本原因,还是基础技术设施不完善,导致元宇宙在现阶段更多只能以想象或概念形式出现,并不能带来实质性的科技突破。

但在 2023 年 6 月,Apple 所发布的 Apple Vision Pro 将元宇宙的火花重新点燃,元宇宙概念再一次被带入大众的视野,如图 3-11 所示。作为苹果在头显品类中推出的第一款产品,Vision Pro 的象征意义可能远大于实际销售带来的营收。它既锚定了用户的认知预期,也为开发者举起了一面旗帜,更有望形成全行业的一个标杆。

图 3-11 苹果的 Apple Vision Pro

Apple Vision Pro 是苹果公司推出的一款混合现实(Mixed Reality,MR)设备,它采用了突破性的 MR 技术作为视觉呈现,与以往的 VR 眼镜或其他设备不同。与虚拟现实技术和增强现实(Augmented Reality,AR)技术相比,MR 的物理现实和虚拟现实融合更加自然,能够让用户看到真实的物理环境和虚拟物品的混合。

在 MR 设备中，用户能够看到身边真正的物理现实，并能够看到设备计算出来的叠加在物理现实中的虚拟物品。这种混合的视觉效果可以让用户感觉到虚拟物品与真实环境完全融合，并能够与虚拟物品进行实时交互，这种交互方式非常直观和自然，可以为用户提供更加沉浸式和丰富的体验。

在应用层面，MR 也是 VR 和 AR 两者的融合。MR 既能够完全虚拟出一个现实，从而提供沉浸式娱乐体验，也能够在物理现实中叠加虚拟物品，从而为用户提供更加丰富的交互和体验。这种融合方式将会为用户提供更加多样化和丰富的虚拟体验，也将会给企业带来更多的商业机会和创新空间。

由于 MR 技术的突破性和前瞻性，它被视为一种能够带来人机交互革命的技术，它将会改变人们的生活方式，促进人机交互的发展和创新。苹果公司推出的 Apple Vision Pro MR 设备将会推动 MR 技术的发展和创新，为用户提供更加先进和丰富的虚拟体验，也将为企业带来更多的商业机会和创新空间。

除了采用混合现实技术作为视觉呈现，苹果公司的 Apple Vision Pro 还创新性地使用了眼球识别、手势识别和语音识别三者相结合的交互模式，以实现更加自然和高效的人机交互方式。在这种交互模式下，用户可以使用眼球识别来定位光标的位置，使用手势来进行选择和操作，使用语音来进行输入和命令控制。这种交互模式非常直观和自然，可以让用户更加轻松地进行虚拟体验和操作，同时提高了用户的效率和体验感。

根据使用者的相关反馈，Apple Vision Pro 在视频会议方面也实现了非常出色的效果。由于其采用了混合现实技术，可以让用户在视频会议中看到身边真实的物理环境，并能够将虚拟人物或物品叠加在真实环境中,实现更加自然和沉浸式的会议体验。当用户进行会议时,可通过设备扫描个人面部数据,系统自带的 AIGC 生成工具将会对使用者表情、语音与口型动作等进行自动识别并生成动态 3D 模型,若其他使用者同时使用 Apple Vision Pro 接入会议,则可实现如电影效果般的虚拟真人投影互动的效果。这种体验类似于元宇宙的概念,可以为用户提供更加高效和便捷的远程办公体验,为办公领域带来更多的创新和机会。

3.2 概念探讨:真假元宇宙辨析——什么是 3D 游戏,什么是元宇宙

当元宇宙概念爆火之后,让人贻笑大方的是,除了 Decentraland、Sand Box 等少数几家平台,其余的大部分"元宇宙"平台都仅仅是套了一层元宇宙的"皮"——3D 建模而已,包括前两年曾有过一段热度的百度希壤与腾讯元宇宙 QQ 秀等。与其说这些平台是元宇宙空间,不如说是一个平台版的"模拟人生"。

所以,一个真正意义上的元宇宙,应该具备哪些关键要素?或者说,我们应该如何区分元宇宙与 3D 游戏?

3.2.1 元宇宙特性一:开放性

一个真正意义上的元宇宙与 3D 游戏相比,首先在开放性上便有差异——元宇宙世界是没有边界的,所有内容建筑除官方之外,更多依赖用户自行创造。

在游戏中,游戏世界通常是由游戏开发者创建和设计的。游戏开发者会根据游戏的主题、故事情节、游戏机制等因素来设计游戏世界中的各种元素,包括地形、建筑、角色等。游戏开发者还会设

定一些游戏规则和目标，玩家需要在这些规则和目标的限制下进行游戏。

　　游戏的内容和建筑通常由游戏开发者提供。在游戏中，玩家可以在游戏世界中进行探索和互动，但是他们的探索范围和互动方式通常受游戏开发者的限制。即使有些游戏支持用户自行进行创造，但是这些自创内容通常受到游戏引擎和游戏规则的限制。玩家可能需要使用游戏开发者提供的工具和资源来创建自己的游戏内容。这些工具和资源通常会受到游戏引擎和游戏规则的限制，因此玩家的自创内容也会受到这些限制。例如，玩家可能无法创建某些特定类型的物品或角色，因为游戏引擎不支持这些功能。此外，在游戏中创造的内容通常只能在游戏中使用，无法在其他场景进行共享或交互。

　　游戏的根本目的在于让用户进行娱乐，因此需要对规则与脚本进行一定限制以符合游戏开发者的设想，哪怕是超开放式游戏，若没有一个核心的娱乐目的作为指引（建造、升级、开拓等），毫无规则限制的开放只会让一个游戏失去意义。

　　元宇宙的目的不同于游戏，不是一个为了娱乐而设计的产品，元宇宙存在的根本目的在于搭建一个高度开放的虚拟空间，空间的开放性与真实性是其核心指标。

　　在理想情况下，元宇宙应该是一个开放的虚拟空间，人们可以自由地探索和创造。元宇宙中的内容和建筑通常是由用户自行创建的，每个人都可以根据自己的想象力和创造力来设计自己的虚拟空间。由于这种自由度的存在，元宇宙成为一个真正的社交和创造平台。在元宇宙中，人们可以像在现实世界一样进行社交活动，甚至超越现实世界的限制。例如，人们可以在元宇宙中创建自己的虚拟身份，与其他人物进行互动，共同创造和探索虚拟世界。这种虚拟社交活动可以帮助人们扩展社交圈子，结交更多志同道合的朋友。

同时，在元宇宙中创造的内容可以在整个元宇宙中共享和交互。这意味着人们可以与其他人共同创造虚拟世界，分享自己的创意和想法，从而推动元宇宙的发展和进步。这种开放性和共享性也有利于促进创意和创新的产生，激发人们的创造潜力。如图 3-12 所示为元宇宙中自主创造的内容。

图 3-12　元宇宙的自主创造

然而让人无奈的是，按照现阶段的底层技术、算力供应与硬件，我们暂时还很难将上述这样一个开放性的虚拟世界打造出来。仅仅在视觉层面制作出一个较为细节真实且开放的 19 世纪美国西部世界就已经算得上全球顶尖了（《荒野大镖客 2》游戏），想要从规则等可玩性上进行更深入层面的开放，对于研发与算力的需求，对于现阶段的各类科技企业而言都是一个"不可能完成的挑战"。

3.2.2　元宇宙特性二：永续性

在现实世界中，建筑物的永续性是由它的物理特性决定的。如果建筑物被设计和建造得足够坚固和耐用，那么它们就可以一直存在下去，直到被人为拆除或自然毁坏。这种永续性赋予了建筑物更多的意义和价值，人们可以在建筑物中居住、工作和生活，从而创造出更加丰富和多彩的人类社会。如果我们在现实当中建造了一座房屋，除非无人打理或被拆迁，不然这座建筑会一直存在下去，且在不考虑房屋产权时效的情况下，我们能一直拥有它。

然而，在传统游戏中，道具和建筑物并不具备这种永续性。游戏内容通常是由游戏开发者提供的，而且会受到游戏服务器的限制。如果游戏服务器关闭或游戏开发者不再支持游戏，那么游戏内容也会消失，这就意味着在单个游戏中的道具或建筑对于我们而言并不是真正意义上的永续。这种不确定性和短暂性使游戏中的道具和建筑失去了其本来应该具备的价值和意义——十年前在开心农场购置的土地，现在恐怕早就不知所踪了。

元宇宙其中一个目的便是解决游戏内容的永续性问题：我们在元宇宙中的道具、土地与其他物品，除非被使用，否则永远存在。在元宇宙中，物品的永续性还意味着它们可以被保存和传承下去。如果我们在元宇宙中创建了一座建筑或一件物品，它们可以一直存在下去，即使我们不再使用它们。这种永续性为我们创造了一个全新的世界，一个可以保存和传承下去的虚拟世界。如图3-13所示为在元宇宙中自主创造的建筑。

对于永续性的理解，我们可以从系统永续与物品永续两个维度进行阐述。所谓的系统永续，是指元宇宙不存在"关机"或者"重启"等操作，用户可以随时随地利用装置自由地与元宇宙进行连接。此外，元宇宙的系统永续还意味着虚拟世界的发展是无限的。随着时间的推移，元宇宙中的内容和功能会不断增加并改进，从而使得元宇宙成为一个更加真实、丰富和多样化的虚拟空间。用户可以在这个无限扩展的虚拟世界中探索、创造和交互,从而获得更加丰富和多彩的体验。

图 3-13　元宇宙世界可以自主创造建筑

而物品永续则是指我们在元宇宙中使用、创造甚至交易的所有物品都是唯一的、不可篡改的,正因为受这种唯一性的保护,只要我们的物品或建筑道具没有被人手动销毁,则道具物品永久存在。这就好比游戏世界中的可乐与现实世界中的可乐——游戏中的可乐仅仅是重复性的贴图与简单的数值,但现实中的每一瓶可乐都有其独一无二的生产编号码,我们无法在现实中将它复制出来。正因为这种可溯源性与线索连接性,哪怕物品被销毁,我们也可以通过信息链查询它是如何被销毁的。当物品的价值链条被永久性标记,物品自身的价值便开始显现。

3.2.3　元宇宙特性三：高拟真性

高拟真性是构建元宇宙的基本条件,是指以尽可能逼真的方式模拟现实世界中的各种物理特性、人类行为以及其他各种因素,使得元宇宙的虚拟场景和现实世界的场景尽可能相似。这种逼真程度要求元宇宙具有足够的计算能力和数据处理能力，以便能够实时生成和处理大量的信息和数据。

元宇宙的构建旨在实现对现实世界的全面数字化复制，这种数字化复制涵盖了从物理特性到人类行为的所有方面，以便在虚拟空间中呈现出与现实世界相同的场景和事件。这种数字化复制涉及多个领域的技术，例如计算机图形学、虚拟现实、人工智能、传感器技术等。

需要特别强调的是，元宇宙的高拟真性不仅仅是视觉层面的拟真性，它几乎对人类五官的所有交互都有涉及，比如，声音、触觉、嗅觉等方面，这些模拟需要非常高的技术实现。这种高拟真度的要求也让元宇宙成为一个真正的仿真环境，让人们可以感受到与在现实世界中相同的体验和感受。

但对于游戏，尤其是 3D 高仿真游戏，其对高拟真性的要求远不及元宇宙般苛刻——只要在电脑屏幕中的游戏图像足够逼真，对于游戏的高拟真性便已经达到效果。

另外，具有高拟真度的元宇宙涉及多个领域的技术，例如计算机图形学、虚拟现实、人工智能、传感器技术等。其中，计算机图形学是元宇宙实现高度逼真度的关键技术之一，它可以模拟现实世界中的各种物理特性，例如光照、阴影、反射等，从而让元宇宙中的场景看起来更加真实。虚拟现实技术也是实现高拟真度的关键技术之一，它可以为用户提供沉浸式的虚拟体验，让用户感觉身临其境。人工智能技术可以模拟人类的行为和思维过程，从而让元宇宙中的虚拟角色和现实世界中的人类角色表现出更加逼真的行为和反应。此外，元宇宙还需要具有足够的计算能力和数据处理能力，以便能够实时生成和处理大量的信息和数据。元宇宙还需要具有强大的计算资源，以便能够实现元宇宙中大规模的数据交互和计算。

如果熟悉了元宇宙的三个核心特性，我们便能理解为何现阶段的元宇宙发展会呈现出目前的局面了。元宇宙的三个特性是相互交织的，只有一个足够真实的虚拟空间对于用户而言才有吸引力，借此我们才会关注这个世界的开放性，最后才会考虑物品与建筑的永续性问题，如图3-14所示。

图3-14　元宇宙的三个核心特性

但对于项目开发方而言，虚拟现实设备的发展成为制约元宇宙探索的关键桎梏——缺乏高拟真性的支持，即使游戏的经济系统、视觉特效与开放度等达到世界顶尖，若还是仅停留在用显示屏幕来进行视觉展现、用键盘鼠标进行交互的阶段，那这个所谓的"元宇宙"，不过是一个制作精良的3A游戏而已。

3.3　用Web3.0与区块链技术构建元宇宙的底层基座

作为一个极具科幻性的前沿科技概念，元宇宙带给我们的直观感受更多是一种视觉层面的创新与迭代，Web3.0似乎与元宇宙并不相关。但若进行更深入的研究探讨便会发现，元宇宙的建立，离不开Web3.0的技术支持。

3.3.1　用去中心化架构构建元宇宙"永续性"与"开放性"

去中心化在元宇宙中有两方面含义。一方面，它指的是元宇宙平台本身的运行方式，即以去中心化的方式进行管理和运营。这意味着，元宇宙没有一个中央机构或者企业掌控其运作，而是由多个节点和参与者共同维护和管理。这种去中心化的特点使得元宇宙更具开放性和透明度。

另一方面，去中心化还指的是元宇宙的网络架构。在这种架构中，信息和数据不是集中存储在某个中心节点或服务器上，而是分散保存在多个节点中。这种去中心化的网络架构具有更强的安全性和可靠性，因为任何一个节点发生故障或者被攻击都不会影响整个系统的运行。

元宇宙的去中心化是实现其"永续性"的重要前提。这意味着在元宇宙中，物品和财产的客观存在不受任何平台主体的控制和转移，并且不会因为某一家平台或公司倒闭而消失或失效。在理论上，元宇宙中的财产权益是永久存在的，具有可追溯性和可证明性。

作为 Web3.0 中的核心技术概念，区块链技术是一种基于密码学、去中心化、分布式的数据库技术，其最大的特点是不可篡改性和安全性。在区块链技术中，所有的交易和信息都被记录在一个个区块中，每个区块都包含了前一个区块的信息和时间戳，形成了一个不可逆的链式结构。这种链式结构使得区块链具有高度的安全性和可靠性，任何人都无法修改或删除已经记录在区块链上的信息。

得益于区块链技术的不可篡改性与安全性，在元宇宙中，区块链技术可以用来记录和管理所有的物品和财产信息。通过将物品和财产信息记录在区块链上，可以保证它们的客观存在和不可篡改性。同时，区块链技术还可以实现数字资产的可交换性和可流通性。

更为关键的是，借助去中心化的设计概念与区块链技术的支持，元宇宙的平台运营方式终会像比特币一样，在没有绝对主体掌握的情况下由大众共同维护、共同发展与创新。在这种去中心化的运营方式下，元宇宙的发展和创新将更多地依赖大众的参与和贡献。任何人都可以在元宇宙平台上创建和发布自己的内容和应用，同时也可以参与到平台的管理和运营中。这种开放式的平台运营方式将为元宇宙的发展带来更多的可能性和机会，同时也将为用户带来更多的自主权和控制力，而元宇宙的"开放性"也将得到有效保障。

3.3.2 用区块链打造"高拟真性"的元宇宙经济系统

经济系统是任何社会、组织或国家的基础性系统之一，它负责组织、分配和管理生产要素和资源，以满足人们的需求和欲望。在元宇宙中，经济系统同样是构建一个真实有效的元宇宙必不可少的一环。元宇宙作为现实世界的映射，其经济系统需要与现实世界的经济体系相对应。这意味着元宇宙中的经济系统需要具备真实性、可持续性和稳定性，同时也需要与现实世界的经济体系进行有效的互通和互动，这也意味着在元宇宙中，"数字资产"的有效性将会被进一步确认。

在元宇宙经济系统的构建中，区块链技术同样可以发挥重要的作用。区块链技术的去中心化、透明度和安全性等特点，可以有效地解决数字资产的所有权、交易和流通等方面问题，为元宇宙经济系统的建立提供信任和保障。同时，区块链技术还可以实现数字资产的可交换性和可流通性，为元宇宙经济系统的发展和创新提供更多的可能性和机会。

此外，元宇宙经济系统的构建还需要考虑到多方面的因素，例如货币制度、资源分配、市场机制、税收政策等。在这些方面，元宇宙经济系统需要与现实世界的经济体系相对应，并根据实际情况进行调整和优化，而我们在借助区块链的交易服务及其他 Token 代理记账服务后，上述问题都在技术层面有了有效解决的可能。

3.4 案例介绍：*SandBox* 与元宇宙地产

3.4.1 *SandBox* 起源：游戏与虚拟世界的逐梦之旅

SandBox 是一款基于区块链技术的元宇宙游戏，由法国游戏公司 Pixowl 开发，如图 3-15 所示。它是一个虚拟世界，用户可以购买、拥有和开发自己的地块，并在这些地块上创建和展示自己的虚拟世界内容。

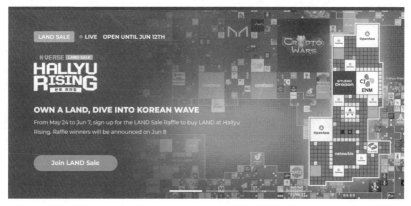

图 3-15　*Sandbox* 区块链元宇宙游戏

Sebastien Borget 是一位在游戏开发和虚拟世界创作领域有着丰富经验的资深专家。他早在 2011 年就开始了虚拟世界的创作之旅，在当时他开始了自己的第一个虚拟世界项目，该项目名为"The Sandbox"，最初是一个简单的物理引擎模拟器，用户可以在其中创建和模拟自己的虚拟世界。

随着时间的推移，Sebastien Borget 开始探索如何将虚拟世界和区块链技术结合起来，以实现数字资产的真实所有权和可交换性。他意识到，区块链技术可以为虚拟世界带来许多好处，如保护数字资产的安全性、提高用户的参与度以及促进虚拟经济的发展等。因此，Sebastien Borget 和他的团队开始将 *Sandbox* 项目逐步转变为一个基于区块链技术的元宇宙游戏。

在这个过程中，Sebastien Borget 和他的团队不断探索如何将不同的虚拟世界和游戏结合起来，形成一个更加完整和多元的元宇宙生态系统。他们相信，元宇宙将是未来虚拟世界的发展方向，而区块链技术则可以为元宇宙带来更多的可能性和机会。在 2018 年，Sebastien Borget 和他的团队正式推出了基于区块链技术的元宇宙游戏 *SandBox*，并不断推进其发展和升级。*SandBox* 的发展历史证明 Sebastien Borget 对虚拟世界和元宇宙游戏的独特见解和深刻理解，同时也证明他对游戏开发和区块链技术的深厚造诣和热爱。

在 2021 年，*SandBox* 进行了一次重大升级，引入了一个名为 MetaVerse 的新功能。MetaVerse 可以将不同的游戏和虚拟世界结合起来，形成一个更加完整和多元的元宇宙生态系统。用户可以通过 Metaverse 在不同的虚拟世界之间进行移动和互动，体验不同的游戏和虚拟世界内容。

3.4.2　*SandBox* 极致的游戏创作开放性

尽管 *SandBox* 在视觉呈现上并不算出色，但它在游戏人物与场景设计上采用了类似《我的世界》和乐高的 3D 像素风格。这种像素风格虽然分辨率略显不足，但它使得平台玩家可以通过像素块自由开放地建造自己的建筑，这样一来，游戏的开放性和创作门槛大幅度降低。

这种像素风格不仅可以让玩家更加容易地创作出自己的虚拟世界，还可以为游戏带来一种独特的美学风格，这种风格不仅让游戏看起来更加可爱和有趣，还可以让玩家更好地沉浸到游戏世界中，感受其中的乐趣和创意。

在 *SandBox* 中，用户可以通过购买、拥有和开发自己的地块，来参与到虚拟世界建设中。每个地块都是一个独立的虚拟空间，用户可以在其中创建和展示自己的虚拟世界的内容，例如建筑、游戏、艺术品等。这些虚拟世界的内容可以是用户自己创作的，也可以是与其他用户共享的。

购买地块后，*SandBox* 会提供给用户各种创作工具和资源，让他们能够快速地创建出自己的虚拟世界的内容。这些创作工具包括可视化的编辑器和编程工具，适合不同技术水平的用户使用。这些工具可以帮助用户快速地创建和发布自己的虚拟世界内容。

SandBox 的编辑器是一个直观易用的可视化工具，让用户可以通过拖曳、旋转和缩放等操作，快速地创建出自己的虚拟世界场景，如图 3-16 所示。编辑器支持多种元素和物品的添加和编辑，包括建筑、道具、地形和灯光等。编辑器还支持多种文件格式的导入和导出，让用户可以方便地将自己的创作分享到其他平台和社交网络上。除了编辑器之外，*SandBox* 还提供了编程工具来满足高级用户的需求。这些编程工具包括 Solidity 和 JavaScript 等编程语言，让用户可以编写自己的脚本和程序来控制在虚拟世界的行为和与虚拟世界的互动。这种编程工具的使用并不需要用户有专业的编程背景，因为 *SandBox* 提供了丰富的文档和教程，帮助用户快速上手。

除了创作工具之外，*SandBox* 还提供了大量的资源元素，包括建筑、道具、场景等。这些资源元素可以直接在编辑器中使用，也可以通过 Marketplace 购买和出售。这些资源元素包括各种类型和风格，适合用户创建出各种不同的虚拟世界内容。用户可以使用这些资源元素来构建自己的虚拟世界，也可以根据自己的需求和兴趣，创作出全新的虚拟世界元素并分享到 *SandBox* 的社区中，与其他玩家交流和互动。

图 3-16　*SandBox* 编辑器

3.4.3　*SandBox* 虚拟地产：让游戏创造具有价值

SandBox 的 Marketplace 为用户提供了一个平台，让用户可以在其中买卖虚拟世界内容，如图 3-17 所示。用户可以将自己创作的虚拟世界内容出售给其他用户，也可以购买其他用户创作的虚拟世界内容，这些内容可以是建筑、游戏、艺术品等。通过 Marketplace，用户可以在虚拟世界中自由地交易和分享自己的创作。这种交易是通过区块链技术进行登记和交易的，这样可以确保交易的真实性和可交换性。区块链技术可以让交易信息得到保护，同时也可以确保交易的安全性和公正性。这种方式也可以避免平台对交易进行干扰或篡改，使得交易过程更加透明和公正。

同时，Marketplace 的交易使用的是平台内置的加密货币 $SAND（如图 3-18 所示），也可以使用其他加密货币或法定货币来进行交易。用户可以在其中浏览和购买各种有趣的建筑、游戏和艺术品等，也可以将自己的创作发布到 Marketplace 中进行出售或出租。用户可以根据自己的需求和兴趣，设置价格，并且可以在

Marketplace 中与其他用户进行交流和互动。

图 3-17　虚拟世界内容交易平台

图 3-18　Marketplace 的加密货币 $SAND

3.4.4　*SandBox* 与区块链技术的深度结合

如果只停留在可玩性层面，那 *SandBox* 不过是另一个《我的世界》而已，让 *SandBox* 具有元宇宙性质的，正是由于其在整个游戏系统中对于区块链技术的深度结合与使用。

根据 *SandBox* 官方白皮书介绍，整个游戏系统使用了以太坊区块链作为平台的基础技术，包括 ERC-721 协议和 ERC-1155

协议来实现虚拟资产的管理和交易，如图 3-19 所示。具体来说，SandBox 使用区块链技术管理虚拟土地、建筑和其他虚拟资产的所有权以及交易。每块虚拟土地都是一个独特的非同质化代币，类似于以太坊上的 ERC-721 代币。每个代币都有自己的独特标识符，代表了虚拟土地的所有权和属性信息。虚拟土地可以被买卖、出租和使用，这些交易都是通过智能合约来实现的，确保了交易的真实性和可靠性。

图 3-19　SandBox 与区块链技术的深度结合

此外，SandBox 还使用了 ERC-1155 协议来管理虚拟物品的所有权和交易。使用 ERC-1155 协议，用户可以将自己的多种虚拟资产放置在同一代币中，该代币可以代表用户所有虚拟资产的所有权。这种方式可以让用户更加方便地管理自己的虚拟资产，避免了管理多个虚拟资产的复杂性。同时，用户可以将这个代币放置到 Marketplace 中进行交易和出售，这样可以方便地进行批量交易和管理。

除此之外，SandBox 还使用了 MetaMask 等钱包工具来管理用户的虚拟资产和交易。每个用户可以使用钱包工具来管理自己的虚拟资产，进行交易和出售。这种方式可以让用户更加方便地管理自己的虚拟资产和交易，同时也可以确保交易的安全性和真实性。作为一种以太坊钱包工具，MetaMask 可以让用户在浏览器中进行以太坊和 ERC 代币的交易和管理。当用户在 SandBox 中进行虚拟资产交易时，MetaMask 会自动弹出交易确认窗口，让用户确认交易信息。用户只需要在钱包中输入自己的交易密码，就可以完成虚拟资产的交易。

3.5 价值分析：元宇宙将如何推动社会发展

元宇宙的概念如此科幻，如果回归现实意义，推动元宇宙技术的发展对于现实社会而言有何种促进作用？

人类社会的每一次迭代进步几乎都与传播媒介升级密不可分，从传统媒体时代到互联网媒体时代，人类的组织结构发展与社会生产力关系都因传播效率的大幅度提升而产生新一轮的质变。在互联网媒介的支持下，人与人之间的沟通与传播成本被无限降低，由此诞生了"媒介赋权"与互联网社会"再部落化"的现象；而对于社会生产而言，社会整体的生产效率与生产成本也因信息传播速率的提升而提升——从互联网到物联网，万物协调的路径得以展开。

元宇宙的诞生，无疑是对信息传播范式的新一轮革命。与传统媒体和互联网媒体相比，元宇宙具有更加广阔的应用前景和更加丰富的表现形式。在元宇宙中，人们可以创造和体验各种虚拟的场景和场景故事；可以开展各种虚拟的交互和社交活动；可以进行虚拟的商业和投资活动。这些应用将会极大地拓展人类社会的发展空间和发展潜力。

以营销为例，如果我们能够通过真正意义上的元宇宙进行品牌营销，借助极其开放的创造特性，我们能够轻而易举地将原本十分抽象的品牌理念在元宇宙中以具象化的形式进行表达。这样，消费者可以通过亲身体验和参与来更好地理解品牌和产品的特点和优势，从而提高品牌影响力和营销效果。

与传统的视频广告相比，元宇宙形式的广告必然会更加生动有趣，因为在元宇宙中，广告可以和游戏、虚拟社交等元素相结合，从而为消费者提供更加丰富和多样化的体验。如果游戏设计得足够有趣，就可以吸引更多的玩家和用户参与其中，从而为品牌营销带来更多的曝光和口碑效应。

若将视角放到更为宏观的层面，元宇宙的诞生对于生产方式而言亦是一种颠覆式创新——不论何种生产场景，生产与办公人员都无须亲自到场，只需进入元宇宙，我们便能如临其境地参与办公，数字原住民与分布式办公的设想将得到更大范围的普及与应用。

再次回归到现实，我们距离科幻小说中所想象的元宇宙还过于遥远，我们仅仅迈出了第一步而已。苹果所推出的 Vision Pro 是否能成为元宇宙的一次强心剂，能否像 iPhone 4 一样对整个市场带来新一轮的冲击，我们尚无定论。

以往的百度希壤之类的"伪元宇宙"已经销声匿迹，而尚且存活的元宇宙平台也逐渐消沉，据 Metacat 数据显示，Decentraland 土地已从 2021 年 11 月最高 3418 万美元的月销售额降至如今的 34.3 万美元。自 2023 年以来，Decentraland 土地出售数量仅为 321 个。不仅如此，从每个月的土地持有者数量来看，从 2022 年 3 月以来，并没有出现明显增长。而其他的元宇宙平台也正在经历这个寒冬。

路漫漫其修远兮，从《神经漫游者》到 Apple Vision Pro，我们通往元宇宙世界的旅程，还有很长的路要走。

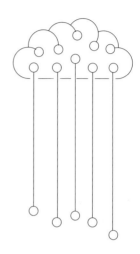

第 4 章
GameFi：
网络游戏的 Web3.0 范式

4.1 GameFi 逻辑剖析：当区块链遇见游戏

4.1.1 GameFi 的定义

GameFi 的历史可以追溯到早期 Minecraft 服务器中的比特币集成，2013 年的网站 Gamebit.com 以及 Bombermine 提供的点对点服务，让游戏玩家不仅能使用区块链技术进行支付，还使玩家能够通过挖掘加密货币来赚钱。

2015 年，以太坊的发布给视频游戏开发人员带来新的机遇，游戏程序可以在区块链上进行储存和执行从而完成应用程序的构建，开启了链游时代。第一款区块链卡牌类手游 *Spells of Genesis*、以 *CryptoKitties* 为代表的融入 NFT 类游戏等不断进行创新，市场上涌现不少 NFTs 小游戏和养成类游戏。

2019 年，乌镇世界区块链大会讨论了加密货币如何彻底改变游戏行业，MixMarvel 首席战略官提出了 GameFi，即将游戏化金融和全新游戏化商业改成游戏经济模型，利用进行区块链上交易协议开发和发行资产协议，使游戏个体组成游戏生态，由此 GameFi 进入第一发展阶段。特别是 NFT 的属性赋予游戏内的道具、角色以及所有资产唯一性和收藏性，这样一来，玩家能够在去中心化的游戏中完全拥有资产的所有权。但同时也遇到了很多问题，例如由于经济模型的流动性缺失问题、代币通胀问题等，导致大部分 GameFi 第一阶段的游戏需要新玩家不断进入才能维持。另外，GameFi 第一阶段大部分游戏都是研发周期短、场景单一，以 play to earn 为核心玩法的小游戏，缺乏应用场景来拓展生命和经济周期。

目前 GameFi 更多被看作游戏的属性，会与元宇宙场景、NFT 资产、DAO 与 DeFi 结合，不再是第一阶段仅与 DeFi 融合，更多地拓展了应用场景，增加了可玩性，提高了玩家的参与感，从而更好地解决第一阶段面临的问题。例如，当游戏面临经济模型的问题时，开发者和玩家可以通过 DAO 的国库来维持二级市场 Token 的稳定或债券市场的赎回机制，促进流动性。除此之外，用 DAO 的形式进行治理，玩家可以通过玩游戏获得治理 Token 的权利或者投票的形式促进游戏的优化升级，游戏项目方和玩家可以共同运营和维护游戏系统。

4.1.2 GameFi 的分类

根据游戏中采用的上链方式，GameFi 可以分为全部上链和部分上链。部分上链 GameFi 是指游戏的核心部分运行在区块链上，包括游戏资产的发行和交易，但是游戏主体仍然在中心化服务器上运行。而全部上链是将整个游戏逻辑以合约的方式存储于网络之中，能够充分利用区块链的技术优势，包括去中心化、零信任、可验证、透明可追溯等。

全链游具有去中心化程度高、游戏机制公平透明、开放性与可组合性高的特点，适合多方博弈（Multi Party Game，MPG），具体来看可以分为博彩、各种棋牌类以及回合制的策略游戏。一方面无许可的区块链能够让所有的玩家参与进来，增强玩家的互动感和体验感；另一方面区块链的公开透明可验证保证博弈的结果无法被篡改。除此之外，全链游适合用户生成游戏（User Generated Game，UGG）。玩家利用区块链开放、自治和所有权的特点，在最初游戏设计者设定的最小化核心基础集的基础上，发挥自己的想象力和创造力，探索多样的玩法，最终从区块链的所有权中获取收益。如果对最初设计的核心规则集不满意，后期可以随时部署新的智能合约组建新世界。

全链游的历史可以追溯到 2009 年。2008 年中本聪发布 *Bitcoin A Peer-to-Peer Electronic Cash System*，比特币诞生后，游戏玩家开始使用比特币进行线上赌博。到了 2012 年，第一个基于比特币的博彩游戏——*SatoshiDice* 诞生了。这是全链游的第一阶段，主要依托比特币生态。

2013 年，以太坊主网上线以后，全链游进入第二阶段。博彩类游戏开始从比特币转移到以太坊，开发者利用以太坊智能合约能够创造出交互性更强、体验感更好的游戏。例如，*vDice*、*Etheroll* 等都是基于以太坊开发的博彩游戏和平台。2017 年，第一个基于以太坊的非同质化代币（NFT）诞生，NFT 可以用于表示游戏内的独特资产，包括限量发行的虚拟代币或道具，吸引了越来越多的游戏开发者和玩家。同时，在这一阶段，许多公链如 BSC、Polygon、Solana、Tron 等为以太坊交易问题提供了优化方案，从而增强了用户交易的丝滑度。随着区块链博彩类游戏市场的逐渐成熟，不断出现独特的游戏玩法，如预测市场平台 Augur 使用区块链技术和智能合约为用户提供无须信任的环境，玩家可以在平台上对未来事件的结果进行押注。此时的博彩游戏多是通过简单的哈希函数完成验证，是全链游的一个重要的起点。

2020 年以后，基于各类高性能的公链和以太坊 Layer2 扩容方案被提出，全链游进入了第三发展阶段。其中《黑暗森林 Dark

Forest》游戏的诞生成为了全链游发展历史上的一个重要节点。《黑暗森林》可以看作链上的《三体》游戏，利用 ZK-SNARKs 技术实现"战争迷雾"，模拟黑暗森林的环境，是一款实时战略性链游，用户的每次交互利用智能合约都以调节的方式呈现在链上。《黑暗森林》通过事实证明全链游的可行性和可玩性，至此全链游进入第三个阶段。截至 2023 年，各大公链都在全力培育全链游赛道，最活跃的 Skartnet 涌现了 LootRealms、GO L2、Isaac、Unstoppable Games 等多款全链游戏。总地来说，全链游适合类似 Dark Forest 的策略性对战游戏和具有明显金融属性的小游戏。

  部分上链游戏根据上链内容，可以划分为核心逻辑上链、资产上链和成就上链。核心逻辑上链通常来说是指将游戏的关键数据和算法放到链上，具体来说有两种操作方式，可以将游戏内的随机数生成器或战斗结果计算逻辑存储上链来避免作弊和操纵的情况发生，也可以将游戏中的经济系统部分设计在链内，例如挖矿、质押、获得代币奖励等具有多样化和创新性的激励机制。资产上链一般是指开发者将游戏内的虚拟物品、角色或其他资源以非同质化代币（NFTs）或者同质化代币（FTs）的形式，让用户能够拥有、管理和交易资产从而获得收益，达到激励用于参与生态建设的目的。成就上链可以理解为玩家在解锁游戏中的某些成就时，选择将其登记在链上，这样做的好处是可以拿到游戏参与的凭证也可以用作后期空投的证明。但其缺点也很明显，这样做无法进行直接交易，比资产上链获得的收益要小很多。

  部分上链具有增强游戏资产真实拥有权、自由交易权、需要中心服务器的特点，更适合需要实时交互和大量数据处理的 RPG（角色扮演游戏）以及 MOBA（多人在线竞技游戏）。这类游戏对服务器和网络带宽有较高的要求，因为 RPG 和 MOBA 的体验感来自游戏状态、玩家位置和游戏结果的有效保障，上链的好处是将虚拟道具转化为真实货币，用户可以使用加密货币来支付，然后智能合约可以自动化地将道具转移到他的账户，这样一来在保证玩家经济收益的同时可以避免欺诈行为，从而促进游戏市场的公平透明性。

4.1.3　GameFi 与传统游戏的区别

多策略加密基金 ID Theory 的首席投资官 James Brodie 曾发表了对链上游戏的评论文章，他认为，链上游戏凭借开源代码和无许可的自定义客户端及模组，将游戏及社区所有权和治理权，通过去中心化网络的力量，将其变为整个游戏行业内的一股民主化不可忽视的力量。

（1）链上游戏持久性特点带来凝聚力。

链上游戏的逻辑和状态，一旦部署在链上，只要使用区块链网络，游戏即永久存在。即便游戏中断或者开发者离开，但只要游戏仍然有需求，区块链的可分叉性质能保证游戏持续存在。因此与传统游戏相比，链上游戏具有持久性的特点。特别是游戏的历史都会被记录在链上，其中地图或资源一般由超级用户和公会控制，如果玩家想要查看完整的游戏、物品甚至玩家的历史，会有各种各样的游戏玩法和长期贡献者机制。最终，持久的链上游戏增强了游戏的交互性，凭借着时间和永远在线的性质需要与其他参与者之间一定程度的协调，将人们有意义地联系在一起，围绕游戏建立全球社区。

（2）链上游戏开发民主化降本增力。

在链游的世界里，玩家凭借开源代码和无须许可的结构，可以按照自己的喜好自定义或修改游戏，也即玩家就是创造者。具体而言，一方面开发者不受制于传统游戏工作室，链上的环境为独立游戏开发者提供一个可访问的平台，并且通过更少的预算和事件建立一个公平的竞争平台,同时链上游戏平台能够让开发者创建可重复和模块化的组件,这些组件能够以轻松灵活的方式创建新的游戏和游戏实体,提高性能和可拓展性。例如 MUD 在 Optimism 上推出了实体组件系统链上游戏引擎,其他团队在 ZK 上也构建了类似的架构 Dojo。另一方面,链游允许玩家以多种角色和身份进入游戏,例如很多链游奖励玩家之前的行为(已记录在链上),围绕游戏的特定成就构建新社区,并创建新颖的游戏循环来奖励特定类型的玩家。这样一来,在游戏开发民主化的同时,不仅能降低开发成本,还能激发开发者的创新能力。

(3)链上游戏构建新的游戏循环。

链上游戏意味着状态和逻辑都存储在链上,表示可以在同一个宇宙中构建不同类型的游戏,例如太空海盗游戏和基于能量的生命形式游戏。这样,玩家可以在同一个宇宙中尝试不同类型的游戏,获得全新的 PvE(Player vs Environmont,玩家对战环境)体验。此外,开发者可以将以前独立的游戏社区聚集在一起。例如,BibliothecaDAO 是一个区块链游戏平台,将 4X 战略游戏 *Realms:ETERNUM* 和 DnD 类型角色扮演游戏 *Realms: Adventurers* 相结合,创造了新的游戏体验。这是两个类型首次在游戏世界中交叉,以前所未有的方式引发了两个截然不同的玩家群体的结合。

4.2 痛点分析:游戏上链的价值与意义

传统游戏通常是封闭的,持续使用和购买游戏中的产品或服务,最终的受益人通常是游戏开发者。这意味着玩家无法真正拥有游戏内资产的主权,需要借助中介机构的支持来管理自己的资产。而链游中的经济模型不仅能为玩家提供与传统游戏相媲美的游戏体验,且在经济模型运作下玩家驱动的体验和需求能够决定游戏内资产、物品以及技能的价值。尤其对于市场热度较高的游戏,链上游戏经济体将产生资源的衍生品,供应、需求和市场力量相互作用,共同决定资源价格并影响参与者分配资源的方式,配合游戏皮肤、真正的所有权和链上捆绑机制的相互作用,创造了玩家投资、享受和奖励的良性循环,从而提高了玩家的参与度和保留率。

此外,传统游戏往往存在很高的中心化风险,依赖封闭源代码并将信任交给单一游戏发行商,这对于那些寻求真正去中心化游戏体验的玩家来说是一个挑战。链上游戏与传统游戏的不同之处在于,它们消除了中央控制和潜在的操纵,提供了透明度和问责制。因为去中心化网络固有的主权和私有产权能鼓励参与者参与市场并为经济的整体健康做出贡献,常用的操作包括控制游戏参数,如物理变量、资源排放、战斗结果、奖励系统和开发者激励等。以DAOBibliothecaDAO 为例,这是一个负责开发游戏、构建和维护游戏实用程序和组件的存储库。他们的治理 Token 控制着发行协议 Token 的能力,作为对游戏贡献的奖励及对玩家生成内容的奖励。这种去中心化方式培养了对游戏的所有权和投资感,同时提供了不同于传统中心化游戏模式的独特体验。因此,它提高了兴趣和参与度,鼓励晋升并推动增长。

此外,传统游戏模式中同一 IP 下的游戏,数据并不互通,即使这些游戏为同一公司开发。对于链游来说,Token 的确权和可组合性为该过程带来了更高的效率提升。激励方案让 IP 所有者通过已有的 NFT 实现新产品的冷启动,并通过创新设计避免利益受损;而 IP 授权可以通过 NFT 租赁等简单而高效的方式来实现。随着 CCO 许可的 NFT 和程序生成(ProcGen)不断发展,玩家可以轻松共享、修改和重新混合 NFT,并且它们的模块化结构支持创建初始原语，这些原语可以通过链上捆绑组合并视为单一资产。这种捆绑增加了灵活性，并在 NFT 世界中开辟了新的可能性，允许更多的细节生成和更多的用户参与，同时利用 ProcGen 算法自动创建内容，用于创建大型、多样并且复杂的链游环境，从而使游戏更加有趣并可重玩。

链上游戏区别于传统游戏的其中一点是为游戏开发者提供一个更安全的原语试验场。在链上游戏中，玩家和开发者可以找出新颖且适当的方法来使用新兴技术，如 zk-proofs。最初，这些原语是在公会 DAO 中形成的，但它们的范围现在已经扩展到所有 DAO，甚至非游戏 DAO。这些原语本质上可以像乐高积木一样组合，涵盖从简单的 FT / NFT 交换到复杂协议的任何事物。它们不会专注于一款游戏，而是在多个游戏之间共享，并被游戏行业以外的 DAO 所采用，通过账户抽象，发挥自己的全部力量。这些原语的灵活性使它们有更大的吸引力。现在来看，这些原语可以发挥很多不同的作用，例如可以发行和提供资产股份，作为联盟和附庸谈判的一部分。在这些游戏中协商、交易和出借全部或部分资产的能力是一项重大发展，并且可以改变玩家对所有权和产权的看法。并且这些原语在链上合约的力量方面已经有了证明，如 Treaty 中也得到了验证。由此可以说明链游为实验和捆绑提供了一个安全的空间，通过这些游戏，可以测试和优化治理机制，进一步推动区块链技术和 DAO 的发展，促进更加开放和透明的经济以及社会体系的建立。

4.3　案例介绍：StepN

4.3.1　创始团队

StepN 团队以海外华人为主。主要创始人经常在澳大利亚活动，团队规模并未披露，团队不仅具备在加密和游戏创业领域的背景，同时其投资人和顾问也在加密行业内享有一定的声誉，这些人员可以为 StepN 提供资源支持和产品指导。据该团队的创始人透露，StepN 的经济模型是在著名的加密投资基金 Folius Venture 的帮助下设计的。此外，除了加密行业的顾问外，阿迪达斯品牌的副总裁也曾在社交媒体上亲自宣传该项目。这样的团队阵容，无论是在加密行业内还是加密行业外，都对 StepN 未来发展都具有一定的支持和助力，而后的转型更说明了这一点。如图 4-1 所示为 StepN 的物品特性。

4.3.2 玩法设计

StepN 是一款建立在 Solana 区块链上的运动应用，具有 GameFi 属性，主打"MovezEarn"（运动而赚钱），鼓励用户通过步行、慢跑和快跑三种运动方式来获得该应用内的代币 GST 和治理代币 GMT。该应用目前包括四个主要功能部分：单人模式、神秘宝箱、马拉松模式和后台模式。这款应用将虚拟游戏和现实进行了结合。

1. 单人模式

在单人模式中，用户装备 NFT 运动鞋后，通过运动赚取代币（GST）。赚取代币需要能量，每 1 点能量相当于 5 分钟的运动时间，在用户获得 NFT 运动鞋后，能量才会开始补充。在运动之前玩家要确保有能量，如果能量为零，就不能赚取代币。GST/GMT 将在每分钟的移动中得到支付，这取决于以下四个主要因素，如图 4-1 所示。

（1）效率。效率在 GST 收入中有着一定的作用。拥有较高的效率属性将导致每消耗 1 个能量就能获得更高的 GST 收入。

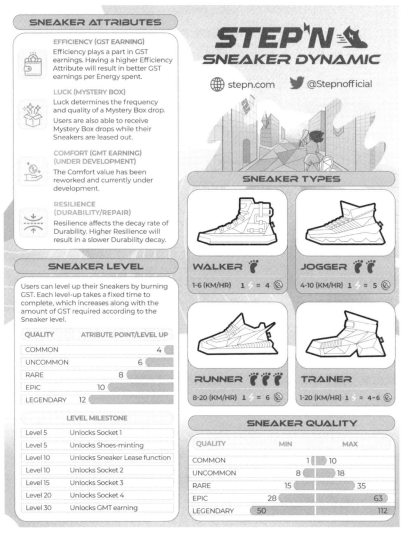

图 4-1　StepN 的物品特性

（2）鞋子的效率属性。效率越高，每分钟赚取的 GST 越多。用户从 0 级到 29 级时只能赚取 GST。在 30 级时，用户可以选择继续赚取 GST，或转为赚取 GMT。

（3）鞋子的舒适属性。舒适度越高，每分钟赚取的 GMT 越多。

（4）运动速度。为了使收入最大化，用户应该使运动鞋保持在最佳速度范围内。每当用户低于或高于这个范围，他们的收入将减少高达 90%，这取决于与最佳范围的速度差异。

用户在能量耗尽后，即使处于运动状态也不会再有代币奖励。

2. 神秘宝箱

神秘宝箱是一个战利品箱，当玩家在单人模式下移动时，会随机掉落，它可能包含宝石（1～3 级），每个用户有 4 个神秘宝箱的栏位，神秘宝箱的 5 种质量类型与运动鞋相同。收到神秘宝箱后，开启宝箱的倒计时自动开始，倒计时结束后玩家可以打开宝箱。神秘宝箱质量越高，它的倒计时时间越长。

3. 马拉松模式

在马拉松模式下，用户需要至少在开始前 24 小时在马拉松（Marathon）标签下注册。有每周马拉松和每月马拉松两种。

- 每周马拉松——这类马拉松每周举行，持续整个星期。用户可以选择参加 2.5 公里、5 公里或 7.5 公里的赛程，但每次只能参加一项马拉松。
- 每月马拉松——这类马拉松每月举行，持续整个月。用户可以选择参加 5 公里、10 公里或 15 公里的赛程，但每次只能参加一项马拉松。

用户可以利用设定目标功能来跟踪他们的进展。一旦完成规定的跑步距离，用户将通过任务日志收到马拉松赛事完成的通知。在马拉松比赛结束前，用户将无法修复他们的鞋子。

4. 后台模式

当 StepN 应用程序在后台运行时，玩家可以继续获得 GST 收益。只要玩家在 App 中至少有一只运动鞋，后台模式将能直接从移动设备的健康数据 App 中获取步数信息，每日上限为 3000 步。这些收入是固定的（不受效率或其他奖励的影响），不会增加到每日 GST 上限。用户在通过后台模式获取收益时，不会消耗耐力和能量。

4.3.3 经济模型

StepN 玩家获取的代币奖励有两种：一种是游戏代币 GST，可无限增发；另一种是治理代币 GMT。赚取的代币 GST 和 GMT 可在其 App 的钱包内直接兑换成为稳定币 USDC，此外 DEX（Decentralized Exchange，去中心化交易所）Raydium 和 Orca 也支持代币 GST 与 USDC 的交易。

（1）GST。

GST 的供应量是无限的，当用户在单独或背景模式下移动时，GST 会被赚取。为了提供流动资金，创建了 60 000 000 GST、20 000 000 GST（SPL[①]）和 20 000 000 GST（BEP20[②]）被铸造出来并添加到 Orca、Raydium 和 Pancakeswap 的流动性池中。

10 000 000 GST（SPL）和 10 000 000 GST（BEP20）被创建并锁定在 Binance，用于 Solana 和 BNBChain 之间的跨链桥。GST 被烧毁的原因是鞋印、修复、提升运动鞋等级、宝石升级、解锁插座。

（2）GMT。

GMT 是在代币生成活动（TGE）中铸造的，2022 年 3 月 9 日

---

① SPL：是 Solana 区块链上的代币标准。
② BEP20：是币安智能链上的代币标准。

共铸造了 6 000 000 000 枚。GMT 总数的 30% 将通过 MovezEarn 和治理参与机制分配给用户。为了确保 StepN 项目的长期性，GMT 的总发行量将每三年减半。

GMT 的赚取机制只适用于达到 30 级的运动鞋，这是一个强制性的要求，至少要有三个能量才可以开始赚取 GMT。此外，每天都会有一定数量的 GMT 被解锁以供用户获得。每天释放的 GMT 遵循指数衰减模式，在第三年的第一天当日解锁的 GMT，与三年前当日可获得的 GMT 相比，正好减半。系统不断为用户的 GMT 收入增加随机性，这使得收入不可预测。为了避免对收益的任何假设，GMT 的结算将每隔几分钟进行一次。每个人的 GMT 收入是按比例计算的，就像比特币和以太坊设计中的难度炸弹一样，但是结算是即时的。在给定时间内，赚取 GMT 的用户越多，每个人可赚取的 GMT 就越少，反之亦然。另外，舒适度越高，赚取的收益就越多。一旦在 App 上线 GMT 赚取功能，GMT 收益公式将被公布。

GMT 的燃烧机制包括 NFT 场景、增强应用内机制以及幸灾乐祸池。在 NFT 场景里，燃烧 GMT 可以升级到 5/10/20/28/29 等级或者获得 4 级以上的宝石、铸造稀有、史诗和传奇运动鞋以及重新分配属性点；增强应用内机制主要通过燃烧 GMT 来提高每日上限收入、宝石升级成功率等；幸灾乐祸池是一个用户需要燃烧 GMT 来订阅并从其他玩家的不幸时刻永久获得 GST 回报的池。

根据 Dune Analytics 数据，2023 年 2 月底，StepN 的月活跃用户为 42 965 人，为 2022 年 3 月以来的最低水平。自 2022 年 5 月达到 705 452 人的峰值以来，StepN 的月活跃用户数量已下降超过 95%，如图 4-2 所示。

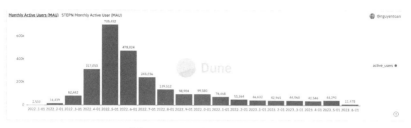

图 4-2　StepN 的用户规模统计

市场手续费和版税费保留给团队以维持其运作，不少于 5% 的团队利润将回馈给 StepN 生态系统。每个月，总供应量的 0.3% 将被解锁，这相当于 18 000 000GMT。这些 GMT 将用于支持建设 StepN 的全球生态系统。未使用的 GMT 将被保存在 StepN 金库。其他由 StepN 收取的税款将被纳入资金管理池中，其分配将由 GMT 的质押者来决定。如图 4-3 所示为 StepN 的社区治理体系。

投票选项	利润分配	结果
慷慨者	70% 碳中和捐赠，30% 分红	投票者将获得 GMT 奖励
好人	55% 碳中和捐赠，45% 分红	投票者将获得 GMT 奖励
一般人	40% 碳中和捐赠，60% 分红	不适用
贪婪者	25% 碳中和捐赠，75% 分红	投票者的 GMT 会被销毁
自私鬼	10% 碳中和捐赠，90% 分红	投票者的 GMT 会被销毁

图 4-3　StepN 的社区治理体系

StepN 成功进行冷启动的原因主要是抓住了机会、用户和资源。首先，StepN 平台的玩法设计简单易于理解，同时又能够吸引用户的兴趣，并且其理念具有新颖性和合理性，从“玩而赚”的 Axie，到“写而赚”的 Monaco，再到“动而赚”的模式，该平台的游戏体验会给人一种突破常规的感觉，给当时低迷的市场提供了一个久违的新热点。其次，StepN 的市场设计借鉴了病毒的病理学和传播学特性，考虑了病毒是如何迅速扩散，以及达到顶点后如何自我抑制。此外，StepN 获得了知名风投基金红杉印度、Solana、Binance 等的投资，得到了重要的资金支持。

StepN 自上线以来，价格从最低的 $0.01 一路上涨至最高的 $2.23，其走向爆火，主要得益于 GMT 的解锁周期和游戏的升级制度。StepN 从上线到空投期间，通过 Launchpad 平台减轻了 GMT 的卖盘压力，而这几乎不需要成本，因为只需做空 BNB 即可对冲币价波动风险，因此大多数获利者会选择卖出一小部分 GMT，而将大部分保留以获得更高的收益。此外，玩家如果想要将鞋子升级到最高等级，必须购买 GMT，所以前期有很大的买盘需求，且鞋子升级过程需要消耗大量的时间，一双鞋从 0 级升级至 30 级，总共要花费 465 小时，将近 20 天，这意味着用户只有升级到 30 级才能赚取 GMT，GMT 在最初的 5 天内只有 Launchpad 这一小部分卖盘，从第 6 天开始才出现空投，而真正的卖盘要等到第 17 天左右才会逐渐增加。

4.4　GameFi 入门指南：如何参与到 GameFi 的游戏过程之中

目前市面上有数千款 GameFi 游戏，这些 GameFi 游戏鱼龙混杂，并且运作机制并不相同。作为新手想要入局 GameFi 领域，必须要进行深入调研，仔细查看游戏网站及项目方发布的白皮书，切忌随意从网站下载 GameFi 游戏或将加密钱包与游戏关联。如果前期的准备已完成，那么按照下文的操作，即可开启 GameFi 之旅。

4.4.1　创建加密钱包

在 GameFi 游戏中，玩家需要一个加密钱包来存储游戏代币和其他数字资产，同时加密钱包可以使玩家在 GameFi 生态中购买、出售以及交易游戏道具。因此玩家需要创建一个与游戏适配兼容的加密钱包，在 GameFi 中常见的关联加密钱包有 MetaMask、Trust Wallet、imToken 等。

（1）选择安全的钱包：玩家可以在社区中寻找其他玩家的建议，或者在官方网站查看钱包的评价和评分。

（2）备份钱包：在创建钱包时，一定要记得备份助记词或私钥。

（3）设置安全密码：设置一个强密码可以保护钱包不被黑客攻击。

在创建加密钱包后，玩家需要将钱包连入不同的区块链网络。

大多数 GameFi 游戏都是依托以太坊区块链或币安（Binance）智能链网络，因此玩家需要将所创建的加密钱包接入其中才能参与链上游戏。

> 此前大火的 GameFi 游戏 *Axie Infinity*（如图 4-4 所示）同样也是依托以太坊链构建的，但是 Sky Mavis（即 Axie 的母公司）为了降低成本、提高游戏性能，又开发了另一条侧链 Ronin。因此，玩家需要专门下载 *Axie Infinity* 的官方钱包 Ronin，才能与 Axie 的生态系统交互。

4.4.2 将加密钱包与游戏连接

在玩家创建完自己的加密钱包后，下一步就是将加密钱包与 GameFi 游戏连接到一起。玩家可以通过加密钱包访问和使用在游戏中存储的虚拟资产或游戏奖励，可以带给玩家更沉浸的体验。具体步骤如下所示：

图 4-4 *Axie Infinity* 游戏页面

（1）启动游戏并查找"连接钱包"的选项。

（2）单击选项并从可用选项里选择钱包提供商。

（3）通过输入钱包地址、提供访问钱包权限及验证身份的方式将钱包与游戏连接。

玩家在将钱包与游戏连接后，就可以通过钱包使用游戏中的虚拟资产了。

4.4.3 向钱包里添加资金

玩家需要在钱包里添加一定数量的资金，才能够在 GameFi 的生态系统中购买虚拟物品。玩家在信誉良好的交易所或市场购买加密货币并将资金添加到钱包中，然后玩家可以使用加密货币购买游戏内土地（沙盒）、卡牌（碎片）或其他物品，同时某些 GameFi 游戏还可以通过完成某些任务来获得奖励。

4.4.4 铸造 NFT

当玩家深入参与 GameFi 游戏时，需要考虑铸造非同质化代币。NFT是独特的数字资产，可以代表游戏中的服装、武器、虚拟房地产等物品，并可以永久存储在区块链上。在铸造NFT的过程中，玩家首先需要创建代表虚拟物品的数字资产。创建资产后，玩家便可以创建NFT并将其上传到区块链上。

铸造NFT是玩家在GameFi生态系统中表达自我的方式，并且还可以通过销售NFT提供新的潜在收入。

4.4.5 运用DAO治理GameFi

在传统游戏公司中，游戏的开发是高度集中的，游戏项目方对游戏机制、美术、代码编程等工作全权负责，玩家很难向项目方进行体验反馈。但是，GameFi项目打破了这一僵局，越来越多的项目方开始通过去中心化自治组织（DAO）为玩家提供更多的控制权。

在DAO中，代币持有者可以对游戏机制、美工等进行提案并组织投票。为了加入GameFi DAO，玩家首先要拥有项目的治理代币。许多代币与成员的投票权成正比，因此从本质上讲，玩家在游戏中的个人利益越大，在DAO中的影响力就越大。

> *Alien Worlds* 是一款使用跨链协议的GameFi游戏（如图4-5所示），目前支持的区块链包括WAX、以太坊和币安智能链。游戏的设定是在2055年的虚拟世界，玩家需要加入一个由六个星球组成的外星宇宙，这六个星球地貌类型各不相同。在那里玩家需要为稀缺资源而战，并开采游戏的原生加密货币trillium（TLM）。玩家还可以互相战斗，进行任务并通过将他们的土地出租给他人来赚取额外收入。
>
> 由于*Alien Worlds*是大型科幻多人在线的角色扮演游戏，为此

项目方专门为游戏打造了属于自己的原生 DAO。游戏故事设定是发生在 6 个星球上,所以项目方设计了 6 个 DAO,每个 DAO 代表着其中的一个星球。通过将游戏本身设定与 DAO 组织相结合,*Alien Worlds* 成功为玩家带来了游戏的归属感,并且更重要的是这 6 个不同的 DAO 组织同样也代表着星球的差异化。

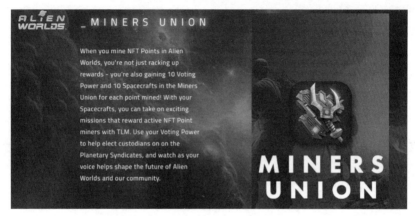

图 4-5　*Alien Worlds* 官网

由于 DAO 自身的特性,可以很好地将大型游戏中的角色参与者与 DAO 的结构(核心贡献者、赏金猎人、普通代币持有者等)结合在一起。玩家通过民主化的方式共同维护 GameFi 生态,同时 DAO 的出现也极大地降低了玩家的门槛,让更多人去体验 GameFi 的乐趣。

4.5　深度洞察:相比 GameFi,我们更需要 Crypto Game

4.5.1　可玩性、用户黏性、健康的经济模型

从 2017 年世界上首款 GameFi 游戏 *CryptoKitties* 问世,GameFi

已发展了 6 年。站在 2023 年这个时间节点上看，在这 6 年的时间里，GameFi 的道路可谓是充满了动荡与波折。虽然从长远的角度来看，GameFi 成功地将加密货币的激励性、NFT 的稀缺性及 Metaverse 的无穷性结合在一起。但是目前 Web3.0 领域仍然没有出现让人眼前一亮的 GameFi 案例，哪怕是此前大火的 StepN 也未能逃过"死亡螺旋"的命运。

另外从当前的市场反馈来看，传统游戏行业对于 Web3.0 技术的需求并不是很强烈。以 2022 年游戏行业的市场情况（市值 2220 亿美元）来看，未来传统游戏行业对于 AR 软件技术以及 VR 硬件技术的需求要远远大于对区块链技术的需求。

现阶段的 GameFi 更多是以盈利作为用户增长的吸引点，*Axie Infinity*、*DeFi Kingdoms*、*Wolf Game* 都是 GameFi 领域活跃度最大的游戏，但是它们都不是真正的 Web3.0 游戏，而只是披着游戏外衣的 DeFi 理财产品，因此这些游戏最终都难逃"死亡螺旋"的结局。而真正健康的 Web3.0 游戏本质还是一款游戏，作为游戏，一定要回归游戏本身的可玩性上。如果游戏缺乏娱乐性，那么很难吸引玩家的注意力和忠诚度。

当然除了可玩性方面，用户黏性以及游戏内在的健康经济模型也是避免 GameFi 游戏进入"死亡螺旋"的关键要素。游戏的内在经济模型如果是健康有序的，可以促进玩家的兴趣和投入程度。当然玩家的黏性也同样至关重要，如果玩家没有强烈的情感和参与感，那么游戏的生命力也会受到挑战。

总的来说，GameFi 虽然是"Game+DeFi"，DeFi 固然重要，但是无论如何都要注重 Game，游戏足够有趣，才能持续吸引大量的玩家用户。在 Web2.0 下的游戏都注重可玩性，然而在 Web3.0 早期开发者似乎忘记了游戏的本质是趣味性，Web3.0 游戏单靠

P2E 的模式很难去实现自身的可持续性，比如 Axie Infinity 如今所面临的局面就很好地阐释了无论是 Web2.0 游戏抑或是 Web3.0 游戏，都要将可玩性做到极致。当游戏的可玩性提高的时候，NFT 就自然会有交易空间。比如《魔兽世界》（如图 4-6 所示）虽然不是 GameFi，但是因为游戏足够好玩，就自然形成了一个庞大的道具交易市场。在 GameFi 中，如果游戏在其中严重缺失的话，GameFi 就是一个带有游戏外表的金融投机工具，是注定无法可持续发展的。Web3.0 游戏开发者应该首先考虑游戏，在解决游戏的前提下研究将 DeFi 运用到游戏中，并且对于 GameFi 来说，代币经济学模型并不是越复杂越好，也不是越简单越好，只有最适合游戏的模型才是健康的。

图 4-6 《魔兽世界》

4.5.2　Web3.0 新增市场的天然突破口

GameFi 作为一个新兴的概念，需要通过区块链技术来实现游戏产业的革新和升级。然而，这种技术的应用需要玩家拥有加密钱包地址，才能够进行数字资产的交易和管理。因此，GameFi 当前的任务就是让更多的人拥有加密钱包地址，为数字经济的发展提供更多的支持和推动力。

以 GameFi 游戏的鼻祖——2017 年的 NFT 游戏 *CryptoKitties* 为例，该游戏需要玩家使用以太坊钱包进行数字货币交易和管理。*CryptoKitties* 团队在游戏内提供了便捷的钱包注册和使用方式，玩家只需要在游戏内单击注册钱包按钮，输入手机号等信息即可快速注册一个以太坊钱包地址。此外，*CryptoKitties* 还通过社交媒体和线下活动等方式宣传加密钱包的重要性以及作用，吸引更多的用户加入游戏中。另一个例子是 *Axie Infinity*，该游戏需要玩家使用 Ronin 钱包进行数字货币交易和管理。*Axie Infinity* 团队为玩家提供了详细的钱包注册和使用教程，让新手玩家也能轻松上手。同时 *Axie Infinity* 还与 Ronin 钱包服务商合作，推出了定制化的钱包产品，为玩家提供更加便捷和安全的数字资产管理服务。通过以上两个例子可以看出，目前 Web3.0 仍处于早期发展的阶段，通过 GameFi 极强的推广性可以让越来越多的普通人拥有加密钱包。游戏社区巨大的潜力用户对于 Web3.0 有着极强的吸引力，因此 GameFi 作为打开 Web3.0 新市场增量的钥匙，相信一定可以帮助 Web3.0 走向寻常百姓家。

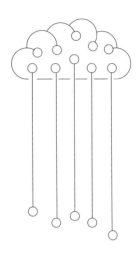

第 5 章
DAO：
基于区块链的海星式组织

正如马克思所认为的，人类社会的生产力与生产关系之间总是相辅相成的，当生产力达到某一临界点之后，必然会反向去推动生产关系的变革以进一步突破生产力的限制瓶颈。这种底层逻辑解释了 Web3.0 的由来，同样适用于 DAO 概念的诞生。

早在 Web3.0 之前，当管理学中开始对扁平化组织架构进行讨论时，一场关于去中心化自治组织的组织架构革命，也悄无声息地开始了。

5.1 DAO 概念解析：从公司制的崛起到海星式组织

生产组织形式是人类社会从诞生以来便开始探索的关键命题之一，且至今仍然在向更高维度不断发展。如果要对 DAO 的前身进行梳理，或许相比于政治团体管理制度，公司制的发展迭代可能更适用于 DAO。

5.1.1 公司制：上千年探索的成熟组织模式

公司制的兴起与发展，是人类社会长期从事商业交易与社会实践探索的结果。在公司制组织出现之前，人类便已经开始对诸如行会、合伙、部落等商业形式进行简单经营。早期的商业交易形式可以追溯到古代文明，许多古代文明都有过商业活动。

在古埃及，人们使用贵金属作为支付手段，并将其存放在国家银行中。这些贵金属通常是黄金和白银，被制成各种形状的金属饰品或硬币。在古埃及，这些贵金属不仅是一种支付手段，还被视为一种财富的象征。国家银行是由政府管理的机构，用来存储和管理贵金属。人们可以在国家银行中存储他们的贵金属，以便在需要时取出。在古巴比伦，人们也使用类似现代银行的机构，称为"贷款商人"。这些贷款商人向借款人提供贷款，并收取利息。借款人通常是商人或农民，他们需要贷款进行商业活动或农业生产。贷款商人通常会要求借款人提供担保或抵押品，以确保借款的安全和返还。在古巴比伦，贷款商人的收益往往很高，因为贷款的利率很高，有时甚至高达 50% 以上。

在古希腊和古罗马时期，也存在类似股份公司的组织形式，这些组织形式被称为公众公司。这些公司通常由一些投资者共同出资，以创立一个商业企业。这些投资者可以是个人、商业组织或政府机构。公众公司通常用于进行海外贸易、采矿和建筑等大型商业活动。这些公司由一些富有的商人共同出资，以获得更大的利润和更多的商业机会。公众公司的出现为商业活动提供了更加灵活和有效的方式，也为商业交易和投资提供了更多的机会。

在公众公司中，股份可以自由买卖，这使得投资者可以更加方便地买卖股票，以实现自己的投资目标。此外，公众公司的股东责任仅限于其投资的金额，这意味着如果公司破产，股东只需要承担自己投资的金额，而不需要承担更大的责任。这种组织形式的出现，为商业活动提供了更加灵活和有效的方式，也为商业交易和投资提供了更多的机会。公众公司的出现，为商业活动的发展和进步带来了重要的推动力，使得商业活动更加规范且透明，也使得商业活动的范围和规模更加广泛和深入。同时，公众公司的出现，也促进了资本市场的发展和繁荣，为投资者提供了更多的投资机会。

如果要探索现代公司制度，从 17 世纪的欧洲出发或许更为合适。在当时，欧洲的商业活动开始蓬勃发展，海外贸易和殖民活动也随之增加。为了更好地进行商业活动和扩大海外领地，人们开始寻找新的商业组织形式。最早的公司制度出现在荷兰，被称为荷兰东印度公司，该公司成立于 1602 年，旨在通过贸易和殖民来获取利润，该公司的成功启示了其他国家建立公司制度的想法。

荷兰东印度公司的创立，标志着现代公司制度的诞生。该公司的股份可以自由买卖，股东的责任仅限于其投资的金额。荷兰东印度公司的成功，吸引了众多投资者的关注，成为当时世界上最大的公司之一。随着欧洲商业活动的不断扩大和发展，公司制度逐渐成为一种常见的商业组织形式。除了荷兰东印度公司，其他国家也开始尝试建立公司制度。例如，英国东印度公司成立于 1600 年，其经营内容主要是在亚洲进行贸易和殖民。法国和西班牙也在 17 世纪成立了自己的东印度公司。这些公司的出现，标志着公司制度在欧洲商业活动中占据重要地位和作用。

随着时间的推移，公司制度不断发展壮大，成为现代商业活动中的重要组成部分。在 18 世纪和 19 世纪，工业革命的兴起加速了公司制度的发展，许多新的公司被创立，以满足不断增长的市场需求。这些公司通常是由一些投资者共同出资创立，这些投资者可以是个人、商业组织或政府机构。在公司中，股份可以自由买卖，并且股东的责任仅限于其投资的金额。

作为现代商业的核心组织形式，公司制度在人类社会中发挥着重要作用。它为企业家提供了一种灵活的商业结构，可以减少风险、合理分配资源，并促进竞争和创新。此外，公司制度还可以为投资者提供便利，并促进资本市场的发展和繁荣。

5.1.2 千年制度探索的局限：公司制的黄昏

公司制度的兴起和发展是人类对经济活动以及商业交易不断探索与实践的结果，从当前各个企业对于公司制度的普遍应用中，我们可以轻易地感受到公司制度在现代社会所取得的成功。但随着社会的不断发展与变动，公司制度的短板开始逐渐显现。

首先便是组织内部沟通效率的问题。传统公司制度的成形与兴起是在中小型的社会背景之下发生的，社会信息更新与传播效率有限，公司组织规模相对较小，因此中心化与层级化的公司制度能很好地保证传播效率与组织管理之间的平衡。然而，随着社会信息传播和科技的不断发展，现代公司面临着沟通效率的挑战。

在传统的中心化和层级化管理模式下，公司的管理流程通常是由高层领导者下达指令，经过多级层层传递，最终下达到基层员工。这种管理模式虽然能够保证指令的传达和执行，但也存在一些弊端。首先，这种管理模式，使信息和沟通需要经过多级层层传递，信息的扭曲和失真是难以避免的，从而导致信息传递不及时、不准确。其次，这种管理模式下，决策需要经过多级层层审批和传递，决策速度缓慢，影响公司的灵活性和应变能力。此外，这种管理模式下，管理者对员工的监督和控制也比较严格，容易导致员工的创造力和积极性受到抑制。

公司制度的另一大弊端是信息的传播受阻。因为公司制度的层级架构的存在，信息需要经过多层传递才能到达目标人群，导致信息传播速率慢。此外，公司制度中的权力结构和利益关系也会对信息传播速率产生影响。如果某些信息与公司的利益相悖，或者某些人拥有信息的垄断权，他们可能会有意或无意地阻碍信息的传播。

这种情况的发生很显然会对公司的运营和发展产生负面影响。

在当今信息时代，信息的快速传播对于公司的竞争力和市场占有率至关重要。一旦发生信息传播受阻，公司就无法及时获取市场反馈、客户反馈等重要信息，导致决策失误，错失商业机会，甚至影响公司的生存和发展。

公司制度还有一个比较严重的问题就是很多情况下的决策有效性与公平性缺失。在这种制度下往往会存在一定的权力结构和利益关系，导致在决策过程中，某些人或某些利益集团可能会占据优势地位，影响决策的有效性和公平性。同时，不同的利益集团可能会因为利益的不同而产生冲突，导致公司决策的制定和执行受到影响从而导致公司的利益受损。

5.2 DAO 技术原理剖析

"人猿相揖别。只几个石头磨过，小儿时节。"人类自远古时期到现代经历了多次组织变革，而在每一次变革中间，人类社会在政治、经济和文化等方面都在进步以及创新，同时，在这个过程中也存在问题和挑战。

DAO 的技术原理，一方面是密码学的技术原理，这部分我们在前文已经做好了铺垫，如区块链和分布式技术、去中心化的身份认证等。另一方面是社会学和政治学的技术原理，我们将梳理从人类诞生以来到现在的组织制度，并畅想未来可能存在并发展为流畅的去中心化自治组织。

在密码学的技术原理中，DAO 主要运用了区块链技术，也是 DAO 的基础。作为一种去中心化的分布式数据库技术，可以实现数据的安全性、不可篡改性和可追溯性。在 DAO 里也正是利用了区块链的这些技术特性去记录组织的决策、财务和成员信息等，保证了信息的透明和公正。

我们如何保障一个去中心化自治组织内的决策措施得到保障？这需要一个强制性的决策—执行措施。智能合约作为自动执行的计算机程序，它可以在没有中间人（即去信任化、去中心化）的情况下进行交易和执行协议。利用智能合约可以自动化和规范化地调整 DAO 内的决策和运营，避免人为干预而出现错误，保证了执行力度。

在治理措施上，加密货币承载着组织内的经济体系建立。DAO 利用加密货币来实现成员之间的交易和贡献度奖励，保证了成员之间的公平和对成员的激励。由此，以区块链的分布式技术作为底层保障，运用智能合约保证执行效果，最后通过加密货币技术进行 DAO 内的治理完善。通过这些密码学的技术方案设计，可以比较良好地促进去中心化自治组织的管理。

上述的讲述主要源自 DAO 的密码学技术原理，因为前面的章节也有过介绍，在此不再赘述，只是简单地归纳。而 DAO 更重要的一个技术原理则是源自社会学方面。

自人类诞生以来便擅长抱团取暖，人类作为群居动物生活在社会群体中，需要以社会关系为基础进行互动和生存。这种群居行为是人类进化的产物，也是人类文明和文化的基础，在这个过程中便形成了组织。人类组织的形成可以追溯到早期的部落，随着社会和文明的发展，西方逐渐出现了城邦、王国、帝国、封建社会和现代国家等不同类型的组织形式。可以这么说，组织的形成和发展，推动了人类社会的进步和发展。

我们从组织发展来看，中心化的集中和分离往往成为大的趋势。自分离到集中，再从集中到分离，正所谓"分久必合，合久必分"，在这个过程中，我们能看到去中心化组织的诞生逻辑。在西方部落组织—城邦制度—封建制度（帝国制度）—资本主义制度的发展过程中，中心化和去中心化的趋势交替出现。

在过去的几个世纪中，中心化的趋势占据主导地位，这主要是因为中心化的组织形式能够更好地实现资源的整合和管理。在这样的组织中，权力集中在少数人手中，这些人可以更好地控制和管理组织的资源以及活动。但这样的组织也容易出现腐败和权力滥用等问题，这也是去中心化组织逐渐兴起的原因之一。

随着技术的进步和社交媒体的普及，去中心化组织的形式也越来越受欢迎。这种组织形式不依赖权力中心，而是通过网络和社区的力量来实现资源的整合以及管理。这种组织形式具有更大的民主性和透明度，能够更好地反映人们的意愿和需求。

可以预见，未来的组织形式将更加多元和灵活，中心化和去中心化的趋势将交替出现。无论是中心化还是去中心化的组织形式，都需要具备透明性、公正性和有效性，才能更好地服务社会和人民。

5.3　为什么互联网社会需要 DAO

随着互联网时代的发展，Web2.0 时代传统资本圈地跑马的逻辑已经逐渐失去优势。这种逻辑着重于融资、抢占市场、达成垄断，通过控制市场份额和信息流向来获取收益，而这种模式通常会导致信息不对称和利益分配不均。因此，越来越多的人开始认识到 Web3.0 可以提供机会，让用户的信息所有权和收益真正属于使用者本身。

在互联网模式的创新背景下，互联网的社会组织形式也必须跟随变革，DAO 的存在意义也变得越来越重要。社会组织向 DAO 的转型对于互联网社区的生态搭建具有重要作用，这样做既可以更好地适应 Web2.0 至 Web3.0 互联网时代的发展，同时也可以帮助互联网社区建立更加健康、开放和民主的生态系统。

我们先从互联网社区说起，社会组织向 DAO 的转型有利于解决现有互联网状态下的治理权垄断地位。通过 DAO，社区成员可以更加平等地参与到社区治理中。传统的中心化互联网组织形式往往由互联网公司掌握权力和资源，这在极大程度上导致信息不对称和治理错位。这也是为什么需要通过 DAO，让每个社区成员都参与到社区治理中，平等地发言和投票，这样才能确保社区决策的公正和民主。

在新的互联网社会中，DAO 还可以帮助建立更加开放和包容的社区生态系统。在现有的互联网社会中，比如一个论坛，或者一个群聊，感兴趣的参与者必须符合某些标准或要求才能加入，通常还伴随着专人审核。这种状况本身就是中心化的体现，在一定程度上限制了社区的成长和创新。通过社会组织向 DAO 的转型，任何人都可以加入社区，并通过持有代币和贡献来获得投票权。这种开放性和包容性可以吸引更多的人加入其中，从而带来更多的创新和想法。

当然，想要让现有的互联网公司向 DAO 转型，有一个吸引点是必须要提及的。这个吸引点就是，DAO 的转型可以帮助互联网社区建立更加可持续的商业模式，利益分配更加公平，有时池子可以做得更大。在传统的商业模式中，公司往往通过控制市场份额和信息流向来获取收益，这导致市场垄断和收益偏差，导致使用者体验感降低，不能真正地激发使用者的活力。而在 DAO 化的社区中，参与者可以通过贡献来获得收益，这使得收益更加公平和可持续，获得的利润得到了更好的分配。同时，DAO 的去中心化结构也可以避免单点故障和被攻击的风险，保证社区的长期稳定和发展，这也在一定程度上促进了互联网公司推动社区转型。

DAO 的转型对于互联网社区的生态搭建具有重要作用。通过 DAO，社区成员可以更加平等地参与到社区治理中，建立更加开放、包容、高效、安全和透明的治理机制以及资源分配机制，实现更加可持续的商业模式。DAO 已经成为互联网社区变革的重要推动力量，为互联网社区的健康发展注入了新的活力。

5.4　案例介绍：The DAO

The DAO 是一个以太坊中的自治风险投资基金，也是一个知名的 DAO 案例，在这个基金中通过智能合约来管理资金。The DAO 的代币被称为 DAO 代币，每个参与众筹的人按照出资数额，获得相应的 DAO 代币，具有审查项目和投票表决的权力，而持有 DAO 代币的人可以提出投资项目的议案，供 The DAO 审核。

在 The DAO 中，投资决策来自群体决策，即全体代币持有人投票表决。每个代币一票，如果议案得到足够的票数支持，相应的款项会划给该投资项目。众智的概念最早可以追溯到亚里士多德的政治论述，其原理是综合许多人的智慧，可以做出比某个专家更好的结论。在 The DAO 中，这个原理被运用到投资决策中，让全体代币持有人共同决定投资的方向。当然，这里还加入了出资额的权重，以使得大额股东对投资决策具有更大的影响力。

投资项目的收益会按照一定规则回馈众筹参与人（股东），但并不是每个项目都能够盈利。一般来说，The DAO 会投资风险较高的项目，并且通过项目的分散投资来降低风险。

在 The DAO 中，投资策略不是由经验丰富的基金经理等专业人士制定的，而是来自全体代币持有人的投票决策。这种去中心化的投资方式，让普通投资者也能够参与到风险投资中，获得更多的投资回报。同时，The DAO 也为区块链技术的应用提供了一个新的范例，展示了去中心化的组织形式和智能合约的应用潜力。

当然，The DAO 虽然听上去美好，但最后的结果却是给所有 DAO 和去中心化资产管理者敲响了警钟。同时，以太坊也分裂出以太经典 ETC 链。The DAO 通过 ICO 在 2016 年 4 月众筹了 1.5 亿美元，成为当时历史上最大的众筹项目。然而在 6 月，The DAO 发现了递归调用漏洞问题，黑客借此机会攻击了 The DAO 并窃取了 360 万个以太坊，进而将其投入到一个子组织中。The DAO 持有近 15% 的以太坊总数，因此这次事件不仅对 The DAO 本身，也对以太坊网络及其加密币产生了负面影响。此事件也引发了对智能合约和区块链技术安全性的关注以及探讨。

5.5 实操分享：如何从 0 到 1 创建一个 DAO

想要从 0 到 1 创建一个 DAO 并不是一件困难的事，最核心的两个关键元素分别是技术和治理。区块链的底层技术和智能合约的开发需要专业人员的搭建，而对于一个发起人和维护者，DAO 的治理则需要开动脑筋进行思考。

一个成功的 DAO 需要一个可靠的治理结构，包括成员的选举、决策流程和权力分配。这些不单需要透明的规则和过程，用来确保所有成员都能够平等地参与到 DAO 的决策和管理中，还需要有效的管理流程，在这个流程中可以有效地进行资源分配、任务分配和程序管理。这可以通过代币奖励、贡献度等方式实现。通过这种方法，DAO 可以激励成员参与到 DAO 的运营中，并为 DAO 的成功做出贡献。

那么就让我们从管理角度来看，如何从 0 到 1 创建一个 DAO——我们就以**区块链协助环境保护**的主题为例进行思考。

第一步需要我们进行思考的是：我们创立这个 DAO 的初衷。一个 DAO 的灵魂源自其愿景和共识，当然，共识也是基于其愿景的共识，只有团结一致地向着所设想的目标愿景前进，才有可能真正地群策群力实现共同贡献，"我们的愿景是通过区块链技术来促进环境保护和可持续发展，为全球生态系统的健康和繁荣做出贡献。我们希望通过 DAO 的机制，鼓励更多的人参与到环保事业中，共同努力实现环境保护的愿景"。

第二步需要定义 DAO 的治理和管理结构，在 DAO 的治理和管理结构中，成员的选举、决策流程和权力分配是最关键的因素。这就需要确立一个透明、公正和可持续的治理结构，以确保所有成员都能够平等地参与到 DAO 的管理和决策中。想要实现这个目标，可以通过代币持有量或社区参与度等方式确定成员资格，通过投票、提案和审批等方式实现决策流程，通过公正和公平的方式分配权力。"DAO 将根据治理结构和经济体系的设定，进行运营和管理。DAO 将根据社区的建议和需求，制订和实施环保项目和计划。DAO 将通过透明的方式管理和分配资金，确保资金使用的透明性和有效性。DAO 将建立有效的治理机制，鼓励成员参与环保项目的建设和管理，同时惩罚不遵守规则的成员"。

第三步，我们在之前即提到，DAO 的治理离不开经济体系的设立，这里面包括激励措施和经济学设定。在一个去中心化世界中，既然没有所谓的传统中心化存在，那么链上的去中心化自主治理必须存在经济体系的设定，通过经济设施的搭建去实现组织的自治管理,"我们的 DAO 采用代币治理机制,代币持有者可以参与提案、投票、审批等决策流程。DAO 的治理结构将由五名理事会成员组成,理事会成员将选举产生,每位成员将拥有相等的权力。理事会将负责制定和执行 DAO 的运营政策和决策,确保 DAO 的发展方向和运营效率"。

第四步,社区建设。一个良好的去中心化自治组织一定有其社区进行支持,同时因为 DAO 的低门槛或基本上无门槛,需要及时做好人员的招募和推出。同时要群策群力获得对项目的意见并针对性地进行相关合作。"我们将通过社交媒体、论坛和线下活动等方式建立 DAO 的社区,吸引更多的人加入我们的 DAO 中。我们会鼓励社区成员分享环保经验和技术,以及提供环保项目的建议和支持。我们还将与其他环保组织和社区合作,共同推进环保事业的发展,促进环保技术的创新和应用"。

当这四步都做好时,其实这个 DAO 基本上就成形了,虽然我们实际简化了很多的因素。我们之后设立的 DAO 将通过治理、经济体系搭建和社区建设等方式,顺利地实现特定主题的发展和推广。

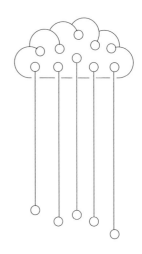

第 6 章
DeFi：
去中心化的金融革命

6.1 DeFi 概念模型：当金融遇见去中心化

为了引入 DeFi（Decentralized Finance，去中心化金融），首先对传统金融机构中最重要的部分——银行的工作原理进行讲解，抽象出其核心功能并讨论其中的不足。

银行的核心业务可以抽象为以下三点。

- 接收存款：向客户提供安全的存款服务，接收储蓄并向客户支付一定的利息。
- 发放贷款：银行向客户提供各种形式的贷款，同时向客户收取一定的利息。
- 提供支付服务：银行作为中介，让客户能够在不使用现金的情况下进行交易。

资金在全球范围内流动的自由性，得益于银行提供的各种服务，如存取款、转账、贷款等，这些服务能够增加信贷额度并实现价值转移。但是，银行由人类管理并受政策制约，因此难免会面临人为的风险，例如管理失误和贪污。

以银行为代表的传统金融业在促进经济发展和社会福利方面发挥了重要作用，但是当前传统金融业中存在着一系列问题。

- 金融服务不够普惠化。全球仍有约 17 亿人没有银行账户，无法享受基本的金融服务，而且在一些发展中国家，金融机构的覆盖率和可达性较低，导致金融资源分配不均，金融需求得不到满足。
- 资产负债表不透明。传统金融机构通常采用中心化的数据库存储客户的资产和负债信息，这些信息容易被篡改或泄露，而且缺乏有效的监督和审计机制，导致信息不对称和信任危机。此外，传统金融机构也面临着道德风险和系统性风险的问题，例如过度杠杆、资产泡沫、坏账等。
- 行政机构干预。传统金融业受到各国政府和监管机构的强力干预和控制，例如设定利率、发行货币、征税、制定法规等。这些干预可能会影响市场的自由竞争和效率，也可能会引发政治和经济的动荡和危机，例如，货币贬值、通货膨胀、金融制裁等。

传统金融业存在着许多问题，比如中心化的风险、高昂的交易成本、低效的跨境支付、不公平的信用评级等。这些问题不仅阻碍了金融业的发展潜力和创新潜力，而且损害了用户的权益和自由，使他们无法享受更好的金融服务。因此，人们开始寻求一种更加开放、透明、高效的新型金融模式，以解决传统金融业的弊端，满足用户的多样化需求。在这样的背景下，区块链技术和加密货币应运而生，为人们展示了一种全新的未来金融，即 DeFi。区块链技术和加密货币具有去中心化、不可篡改、安全可信、低成本等特点，能够为金融业带来革命性的变化，创造更多的价值和机会。

基于区块链和智能合约技术，DeFi 无须传统的中介机构或信任方即可提供借贷、交易、投资等金融服务，从开放、透明、创新、效率等方面对金融业进行了重塑。

- 开放性：DeFi 对任何有互联网连接的人都开放，无须申请或审核，也无须提供个人信息或抵押物。这使得金融服务更加普惠和包容，也降低了参与门槛和成本。

- 透明性：DeFi 基于公开的区块链网络，所有交易和合约都可以被任何人查看和验证，无须依赖第三方机构或审计。这使得金融活动更加公正和可信，也减少了欺诈和腐败的风险。
- 创新性：DeFi 利用智能合约的可编程性，可以实现各种创新的金融产品和服务，如稳定币、闪电贷、预测市场、非同质化代币等。这些产品和服务可以满足不同用户的需求，也可以相互组合和协作，形成一个生态系统。
- 效率性：DeFi 通过自动化和去中介化的方式，可以实现更快速和更灵活的金融交易及结算。无论是跨境汇款、借贷还款、资产交换、投资收益等，都可以在几分钟甚至几秒内完成，而不受时间、地点或机构的限制。

6.2 基于区块链的去中心化信用创造与金融服务

从广义上来讲，比特币网络是第一个 DeFi 应用程序。比特币让你真正拥有和控制价值，并将其发送到世界各地。它通过为大量彼此不信任的人提供一种方式来实现这一点，从而在不需要受信任的中介的情况下就账户分类达成一致。比特币对任何人开放，没有人有权改变其规则。比特币的规则，比如它的稀缺性和开放性，都被写入了这项技术。它不像传统金融，政府可以印钞票使国民的储蓄贬值，而公司可以影响市场。

以太坊以此为基础，使用智能合约技术，可以让数字货币实现可编程性，使其功能不限于储蓄和交易。智能合约是一种自动执行的代码，可以定义和执行各种金融协议及逻辑。这样，就可以将比特币的控制权和安全性与传统金融机构提供的服务相结合。

在以太坊的 EVM（Ethereum Vitural Machine，以太坊虚拟机）中，DeFi 提供了安全可信的公共账本和"图灵完备"的分布式计算平台，使用户可以按照自己的意愿创建复杂的代码合约和算法合同，即智能合约（Smart Contract）。作为 DeFi 生态构筑的基础模块，智能合约可从金融服务中抽离出核心逻辑，通过代码生成核心资产（即代币），并搭建对其进行生产、分配和转移的一系列规则，从而衍生出层次丰富的金融体系。

智能合约是 DeFi 架构自下而上、生态开枝散叶的核心"积木"。从开发者角度看，智能合约并非一种合约，而是在区块链上运用编程实现的一种应用程序和特殊协议。DeFi 体系里的智能合约内嵌了表示各种金融规则的代码函数，并能与其他合约交互，从而实现决策、资料存储、发送加密货币等功能。具体来说，在满足预先确定的条件时，智能合约中的相应函数会被唤醒，从而对其输入的数据进行计算、存储和输出，或者发送信息来唤醒另一个智能合约的函数功能。智能合约通常开源且透明，开发者可以在测试网、主网中访问、查看每一步操作和对应的状态变化。在"Code in law"（代码即法律）的指引下，智能合约于 DeFi 生态体系中代替了以人为主体的银行、券商等中心化机构，自动化执行合约并赋予个体用户广泛的代码开发权、核验权和执行权，从而推动实现生态的开放、繁荣和自治。

在金融活动中，价值的转移只是表面现象，它可以通过货币或其他金融工具来实现不同主体之间的资产交换。然而，更为本质的是信用的创造，它可以通过借贷或其他金融合约来实现不同主体之间的资产跨期配置。在中心化的金融机构中，信用的创造主要依赖银行或其他金融中介的信誉和监管，它们通过审查借款人的信用状况和提供担保物来降低信用风险，同时通过收取利息或手续费来获取收益。在 DeFi 生态系统中，除了提供基本的交易功能外，更为关键的是通过超额抵押的方式来生成信用衍生品，从而实现杠杆效应，基于信用衍生，在链上可以通过编写智能合约来创造各种各样的高级金融衍生品。

6.3　DeFi 模型

在传统的金融体系中，人们通常通过交易不同种类的资产来实现价值的转移和增值，例如股票、债券、期货、期权等。同时，人们也可以通过基于信用的借贷来实现资产的跨期配置和杠杆放大，例如银行贷款、信用卡、担保债券等。这些都是金融服务的基本功能，为人们提供了多样化的选择和机会，在 DeFi 中，这两类功能也是主要内容。DeFi 利用智能合约技术，可以让用户在去中心化的平台上进行各种资产的交易，包括加密货币、代币化的实物资产、合成资产等。这些交易可以是简单的买卖，也可以是复杂的衍生品合约，例如期货、期权、互换等。DeFi 也可以利用智能合约技术，让用户在去中心化的平台上进行基于信用的借贷，包括超额抵押借贷、无抵押借贷、闪电贷等。这些借贷可以是固定利率或浮动利率，也可以是有期限或无期限，甚至可以无须还本只还息。除此之外，由于加密世界原生代币价格存在波动性，出现了 1∶1 锚定美元的特殊加密货币——稳定币。稳定币是一种旨在保持稳定价值的加密货币，它通常与法定货币或其他资产挂钩，并通过算法或抵押物来维持其价格稳定性。稳定币在 DeFi 中发挥了重要作用，它可以作为一种价值储存、交易媒介和借贷工具，为用户提供更多的灵活性和安全性。接下来将分别对去中心化交易所、去中心化借贷协议和稳定币进行介绍。

6.3.1 DEX 与 AMM

DEX（Decentralized Exchanges，去中心化交易所），作为 DeFi 的基石，提供各类资产的交易服务，与之相对的则是传统的中心化交易所（Centralized Exchanges，CEX）。

CEX 顾名思义，是由平台负责维护交易系统、用户账户、订单，以及上文提及的交易可靠性担保，所以这一类交易所又被称为中心化交易所。其采用订单簿的交易模式，实时收集市场上还未被撮合的买单和卖单，这是数字交易平台的基本模式。交易平台的内部系统会通过订单簿来撮合买单和卖单。

DEX 的底层技术则是区块链，所有的交易直接记录在链上。它不将用户资金和个人数据存储在服务器上，而是通过授权智能合约来匹配希望买卖数字资产的买家和卖家。在匹配引擎的帮助下，这种交易直接发生在参与者（点对点）之间，不需要做市商进行订单撮合，所有功能均由智能合约完成。

CEX 和 DEX 在安全性、效率和功能方面存在差异。CEX 通过中心化的服务器进行交易，可以提供更高的交易速度、更多的功能，但也需要用户上传个人信息和资产到服务器，增加了被黑客攻击和平台作恶的风险，并且面临着监管的压力。DEX 通过分散的服务器网络进行交易，没有中心化的控制和身份验证程序，保证了用户的安全性和匿名性，但也受限于底层区块链技术特性和 AMM（Automated Market Maker，自动做市商）交易算法的影响，存在被 MEV 攻击和流动性不足的风险。

AMM 是自动化做市商的英文缩写，它是一种创新的交易机制，由去中心化交易所 Uniswap 在 2020 年首次引入。AMM 是为了解决传统的订单簿模型在低流动性和高成本方面的问题，从而提高数字资产交易的效率和便利性。

在传统订单簿模型中,交易的实现是通过买卖双方的订单相互匹配来完成的。订单是用户对某种资产的买入或卖出意愿,包含了数量和价格两个要素。订单簿是一个按照价格优先和时间优先的原则排列的订单列表,分为买单簿和卖单簿。当一个新的订单进入订单簿时,系统会检查是否有与之相反方向且价格满足条件的订单存在,如果有,则进行成交;如果没有,则将该订单加入相应的买单簿或卖单簿中,等待后续的匹配。通过这种方式,订单簿模型可以实现市场的供需平衡和价格发现。但订单簿模型需要做市商的支持,否则在市场深度不足的条件下会面临出价无法成交的结果。

AMM 通过数学公式来对其中的资产进行定价,它通过数学公式来为资产定价,而不是通过传统的订单簿来匹配买卖双方。AMM 自动做市商的核心是流动性资金池,它们是由用户向智能合约存入两种或多种代币而形成的。用户可以通过与流动性资金池进行交易来实现即时的兑换,也可以通过向流动性资金池提供代币来成为流动性提供者,从而获得交易费用和代币奖励,即"流动性挖矿"。

AMM 自动做市商有多种类型和设计,不同的 AMM 使用不同的定价公式和优化策略。例如,Uniswap 使用恒定乘积公式 $x \times y = k$ 来保持池中两种代币的总价值不变,适合任意两种代币之间的交易,在 Uniswap V3 中其对流动性的分布进行了进一步优化;Curve 使用混合型 CFMM 公式,使得核心范围内具有恒定和无滑点稳定特性,适合稳定币之间的交易;Balancer 允许用户创建多种代币和比例的流动性资金池,实现更高的灵活性和多样性。

6.3.2 借贷

在金融活动中,借贷是一种常见的方式,可以让人们在不同的时间点上实现资产的最优配置。借贷的本质是一种信用交易，即借款人向贷款人承诺在未来的某个时间点上偿还本金和利息。在这个过程中，借款人和贷款人之间形成了一种信用衍生品，即债务合约。信用衍生品是一种基于信用事件的金融合约，它可以反映双方对于信用风险和收益的预期及偏好。在传统的金融体系中，借贷通常需要通过中心化的机构来进行，例如银行、信用卡公司、担保公司等。这些机构的作用是为借款人和贷款人提供信用评估、风险管理、资金撮合等服务，从而降低交易成本和风险。然而，这些机构也存在一些问题，例如信息不对称、高昂的手续费、隐私泄露、审查制度等。在 DeFi 中，借贷则可以通过去中心化平台来进行，例如 MakerDAO、Compound、Aave 等。这些平台利用智能合约技术，可以让用户在无须信任任何第三方的情况下进行借贷交易。用户只需要将自己持有的加密资产作为抵押物存入智能合约中，就可以获得相较于抵押资产数量较少的贷款。这种方式称为超额抵押借贷，它可以让用户通过付出利息来将手中资产的流动性进行置换，从而实现杠杆效应或避免市场波动。下面以 Aave 为例来对去中心化借贷进行介绍。

Aave 是一个基于区块链的去中心化借贷平台，它让用户可以在互联网上使用加密货币进行借贷，而不需要通过银行或其他中介机构。Aave 的主要功能有：

- 存款：用户可以将加密货币存入 Aave 的流动性资金池，从而赚取利息，利息根据市场供需动态调整。存款后，用户会获得一种与存款资产等价的代币（aToken），可以随时提取或转移。
- 借款：用户可以用自己的加密货币作为抵押，借出其他加密货币，借款利率根据市场供需动态调整。用户可以在固定利率和浮动利率之间自由切换，以优化自己的借贷成本或收益。
- 闪电贷：用户无须抵押就可以借入任意数量的加密货币，只要在同一个区块内还款即可。闪电贷可以用于套利、批量交易或自动化策略等场景。
- 借款代币化：用户可以将自己的借款转化为一种可转让的ERC-20代币（Debt Token）。这样，用户可以在不还款的情况下，将自己的债务出售或交换给其他人。
- 抵押品优化：用户可以在不还款的情况下，更换或增加自己的抵押品，以降低清算风险或提高借款能力。

Aave 与传统金融的对比见表 6-1。

表 6-1 Aave 与传统金融的对比

Aave	传统金融
通过流动性资金池的模式，实现了无须信任的借贷，用户不需要经过复杂的审核和审批，也不需要担心对方的信用风险或违约风险	需要用户提供各种证明和担保，以及承担中介机构或第三方的信用风险或违约风险
通过智能合约的自动执行，实现了无须人工干预的借贷，用户可以随时随地进行借贷，也不需要担心合约的执行或终止	需要用户遵守各种条款和条件，以及承担合约的执行或终止的成本和风险
通过治理代币的分配，实现了无须中心化管理的借贷，用户可以参与协议的决策和升级，以及享受协议收益的分配	需要用户服从银行或政府机构的决策和管理，以及承担协议收益的不公平分配
通过创新功能的提供，实现了无须限制条件的借贷，用户可以根据自己的需求和偏好选择不同的借贷产品和策略	需要用户适应单一和固定的借贷产品和策略，以及承担市场机会的错失

6.3.3 稳定币

稳定币从本质上来说是一种具有"锚定"属性的加密货币，其目标是锚定某一链下资产，并与其保持相同的价值。自从 2014 年最早的稳定币 BitUSD 发布后，USDT、USDC、DAI 等陆续发布，将传统金融中的流动性引入加密世界。

经过稳定币之间多年的竞争，目前主要存在两种类型的稳定币，即抵押稳定币，如 USDT、USDC、DAI 和算法稳定币 UST。抵押稳定币又可以根据抵押品的种类分为中心化稳定币和去中心化稳定币。中心化稳定币通常有法币做抵押，法币抵押在链下银行账户中，作为链上通证的储备金。这通常需要对托管方有一定的信任，以中心化稳定币 USDC 为例，它是由 Circle 和 Coinbase 合作发行的，每个 USDC 都对应 1 美元的储备金，并且每个季度 Circle 公司都会发布其储备报告。而去中心化稳定币是一种不受任何中心化机构或实体控制的稳定币，它的价值主要由链上资产，例如比特币、以太坊等加密货币来支撑。相比于中心化稳定币，去中心化稳定币在设计上具有更高的灵活性和透明度，因为它的运行规则和参数都是公开的，任何人都可以在区块链上查看和验证协议的抵押率，即链上资产与稳定币发行量的比例。这样可以增加用户的信任和安全感，也可以避免潜在的审查或干预风险。

由于中心化稳定币的发行抵押的资产常用的是美国国债，储备在银行中，因此还是对美国股市和银行存在一定的风险敞口。如果美国国债出现违约或贬值，或者银行出现危机或破产，那么中心化稳定币的价值和信用就会受到严重影响。2023 年 3 月 11 日，由于硅谷银行（SVB）申请破产，导致 Circle 在该银行的部分现金储备被冻结，引发市场对 USDC 的信任度下降，出现大规模挤兑和抛售。USDC 的价格从 1 美元跌至 0.878 美元，与其他稳定币如 DAI

和 BUSD 出现了较大的价差。随后，在 3 月 13 日，由于美联储、财政部、FDIC 联合救市计划的出台市场恐慌逐渐消散，USDC 价格又回到了往常水平。

去中心化稳定币为了保证加密货币的稳定性，常常使用比特币、以太坊等代币进行抵押来铸造稳定币。在价格稳定机制方面，主流去中心化稳定币采用了各种不同的锚定机制维持价值稳定。其中最常见的机制是抵押债仓、套利以及弹性供应。去中心化稳定币协议 MakerDAO 采取的方式是让用户将抵押物锁定在智能合约中。然后，智能合约会生成一种名为 DAI 的稳定币作为超额抵押债务，并且利率可以灵活调节。为了维持 DAI 与美元 1∶1 的关系，MakerDAO 智能合约会自动调节利率，促使借款人还清债务或借入更多稳定币。通过调节利率可以增加或减少 DAI 的总供应量，因此会影响 DAI 价格。供应量和利率较低时，DAI 的价值会上升，而供应量和利率较高时，DAI 的价值则会下降。

6.4　流动性——DeFi 的根基

在 DeFi 世界中，流动性是指用户可以随时将自己的资产转换为其他资产或提取出来的能力，它是 DeFi 平台和协议能够正常运行及提供服务的基础。没有流动性，就没有交易、借贷、做市、保险等各种 DeFi 应用。流动性越高，用户就越容易找到合适的价格，交易成本也就越低，市场效率越高。因此，流动性是一切的根基。因此各个项目在争夺流动性上使出各种手段，开始了激烈的竞争。

6.4.1　吸血鬼攻击

战争开始于 SushiSwap 对 Uniswap 的"吸血鬼攻击"。所谓

"吸血鬼攻击"，即通过推出新机制，出让更多的利益给流动性提供者，让他们将流动性从原协议转向现协议，从而使现协议的锁仓量快速增长。下面将对其进行详细介绍。

Uniswap 是一个基于以太坊的去中心化交易平台，允许用户在不需要中介或平台费用的情况下，交易各种代币。Uniswap 的特点是它不需要预先设定交易对，而是通过流动性池来提供交易深度和价格发现。流动性池是由用户提供的代币组成的智能合约，用户可以向流动性池中存入两种代币，即 ETH 和 USDT，从而成为流动性提供者（LP），并获得代表其份额的 LP 代币。Uniswap 是 AMM 的开创者和领导者，它通过提供简单易用、高效便捷、无须许可的交易服务，吸引了大量的交易者和流动资金池提供者（LP）。交易者可以在 Uniswap 上轻松地交换任何两种数字资产，而不需要担心流动性不足或价格滑点。流动资金池提供者（LP）可以将自己持有的数字资产存入 Uniswap 的智能合约中，为交易者提供流动性，同时也从每笔交易中获得一定比例的手续费作为回报。

SushiSwap 和 Uniswap 一样，都是一个搭建在以太坊主网上的去中心化交易所，SushiSwap 甚至使用了和 Uniswap 相同的代码，但是 Sushiswap 在 Uniswap 之上使用了治理代币，并给流动性提供者代币奖励。为了吸引用户和流动性，SushiSwap 对 Uniswap 发起了一场"吸血鬼攻击"，即通过提供 SUSHI 代币和交易费收入的分成来诱惑用户将 Uniswap 的流动性提供者代币转移到 SushiSwap。这样，SushiSwap 就能从 Uniswap 中抽走数十亿美元的流动性，并在短时间内成为一个有影响力的 DeFi 项目。

这场"吸血鬼攻击"引发了 DeFi 社区的广泛讨论和争议，有人认为它是一种创新和竞争的表现，也有人认为它是一种不道德和危险的行为。无论如何，这场攻击也促使 Uniswap 做出了反应，推出了自己的治理代币 UNI，并将其空投给之前参与过 Uniswap 的用户，以回馈社区并保持用户忠诚度。

从此之后，"吸血鬼攻击"成为了 DeFi 领域中一种常见的策略，许多新兴的项目都试图通过提供更高的收益或更好的功能来吸引其他项目的用户和流动性。例如，LooksRare 对 OpenSea 发起了一场"吸血鬼攻击"，通过分发 LOOKS 代币来奖励在其平台上交易或创建 NFT 的用户，从而抢占 NFT 市场的份额。这些"吸血鬼攻击"不仅给用户带来了更多的选择和机会，也给项目方带来了更多的挑战和压力。

6.4.2 Curve 治理之战

Curve 是一个专注于低滑点的稳定币 AMM，它通过发行其治理代币 CRV 来奖励流动性提供者，并让 CRV 持有者通过锁定 CRV 使 veCRV 参与平台的治理和收益。veCRV 持有者可以对各个流动性池的激励分配比例进行投票，从而影响流动性的分布和收益率，考虑到 Curve 庞大的流动性，任何微小的倾斜都对新协议有着至关重要的意义。因此，veCRV 成为各个协议和项目追逐的目标，也成为 Curve War 的核心。

在 Curve War 的发展历程中，可以分为几个阶段，每个阶段都有不同的特点和竞争者。

第一阶段是机枪池的收益率之争，主要由 Yearn Finance 等机枪池协议主导。所谓机枪池，是一种可以自动调整策略和资产配置的智能合约，目的是为用户提供最高的收益率。在这个阶段，机枪池协议通过聚合大量的稳定币到 Curve 做市挖矿，并将获得的 CRV 奖励一部分质押为 veCRV，另一部分卖出复利挖矿，从而提高自己的做市收益和用户体验。这时候，协议之间主要通过提高自己的产品设计和复利效率来竞争。例如，Yearn Finance 推出了 Vaults 和 Earn 两种产品，Vaults 可以让用户将资产存入不同的策略中，Earn 可以让用户将资产存入不同的平台中，从而实现最优化的收益率。

在第一阶段之后，Curve 的治理权和收益权被分散在不同的机枪池协议中，导致 CRV 的流动性和治理效率下降。为了解决这个问题，出现了一些新兴协议，它们通过提供更简单和更有利的方式来吸引用户参与 Curve 的挖矿和治理，从而形成第二阶段的治理套娃。其中最具代表性的协议就是 Convex，它是一个专注于简化 Curve 使用流程的协议，其允许用户通过质押 CRV 为 cvxCRV 来参与 Curve 的挖矿和治理，并额外获得 Convex 原生代币 CVX 作为奖励。cvxCRV 代表了 veCRV 的收益权，而锁定 CVX 得到的 vlCVX 代表了 veCRV 的投票治理权。这样，用户就可以一次性完成 CRV 的质押、挖矿和治理，而不需要在不同的平台之间切换。Convex 借助其产品经济模型的设计以及原生代币 CVX 的额外奖励，成功积累了大量的 CRV，并能有效地决定 Curve 上矿池的激励分配，成为 veCRV 最大的持有者。

在第二阶段之后，Convex 成为 Curve 的实际掌控者，它可以通过自己的治理权来影响 Curve 上不同流动性池的激励分配。这对于一些想要在 Curve 上提高自己流动性和收益的协议来说，是一个挑战和机遇。为了争夺 Convex 的支持，一些协议开始采取一种激进的策略，即向 CVX 持有者支付大量的"贿赂"，以换取他们对自己喜欢的流动性池投票，从而增加这些池子的流动性。这就形成了第三阶段的贿赂选票。其中最具代表性的协议有 Olympus DAO、FRAX、Alchemix 等稳定币协议。这些"贿赂"通常以自己平台上发行的稳定币或原生代币形式支付，从而增加这些代币的需求和价值。

Curve 是 DeFi 领域中最大的稳定币交易平台，它为用户提供高效、低成本、低滑点的交易服务，同时也为用户提供丰厚的流动性激励，从而吸引了大量的资金和项目参与。未来几年，Curve 上的流动性战争还将继续，各种协议通过不同的方式来争夺 Curve 上的流动性份额，从而提高自己的收益和影响力。对于新生 DeFi 项目来说，谁夺取了 Curve 流动性这座圣杯，谁就是 DeFi 世界中的王者。

6.5 DeFi 乐高积木

DeFi 乐高积木是指可以组合和拼接的 DeFi 协议及应用，它们具有不同的功能和特点，但可以相互兼容和协作，从而构建出更复杂和多样的金融服务。DeFi 乐高积木的优势在于它们可以实现协议之间的互操作性和可组合性，让开发者可以灵活地选择和搭配自己需要的模块，无须重新开发或者请求许可。这样，DeFi 乐高积木可以促进 DeFi 领域的创新和发展，为用户提供更多的选择和价值，例如 Curve、Convex、Clever、Concentrator 之间的协作。

Curve 是一个专注于稳定币交易的 AMM 协议，它提供了低滑点和高收益率的流动性服务，并通过发行 CRV 代币来激励流动性提供者和治理参与者。CRV 代币需要质押为 veCRV 才能获得协议收入和投票权，但这个过程有一定的门槛和限制，比如需要锁定时间、不能转移等。

Convex 是一个基于 Curve 的垂直管理协议，它简化了 Curve 的使用流程，并增强了 CRV 质押的资本效率。Convex 允许用户将 CRV 转换为 cvxCRV，并质押 cvxCRV 来获得协议收入、CRV 奖励和 CVX 奖励。CVX 是 Convex 的原生代币，可以通过质押或锁定来获得收入和投票权。Convex 通过持有大量的 veCRV 来控制 Curve 的治理投票，从而优化流动性池的激励分配。

Clever 是一个由 AladdinDAO 开发的新工具，它可以让 CVX 持有者获得更多的收益和复利。Clever 允许用户将 CVX 永久锁定为 vlCVX，并用于投票治理。同时，用户可以提前领取未来收益（最多 50%）的 clevCVX，这是一个合成的 CVX 代币，可以在 Curve 池或 clevCVX 熔炉中兑换成 CVX，并重新质押为更多的 vlCVX。Clever 还会自动收割和兑换用户通过 vlCVX 获得的贿赂和奖励，并分配给用户或还清债务。

Concentrator 是一个收益增强器，它将所有奖励集中到自动复利的顶级代币中，例如 aCRV（cvxCRV）和 aFXS（cvxFXS/FXS），来提高 Convex 保险库的收益。Concentrator 允许用户将 Curve LP 代币存入他们所选择的方式中，然后自动存入 Convex 保险库，并定期获取奖励。用户可以在自己选择的时间领取奖励，并以最佳代币计价获得最多奖励。

Curve、Convex、Clever、Concentrator 之间的协作体现在以下几个方面。

- Curve 提供了稳定币交易和流动性挖矿的基础设施，吸引了大量的资金和用户。
- Convex 优化了 Curve 的用户体验和资本效率，增加了用户的收益和治理权，并通过持有 veCRV 来影响 Curve 的激励分配。
- Clever 进一步放大了 Convex 的收益和复利效果，让用户可以提前领取未来收益并重新投入，同时自动管理用户的贿赂和奖励。
- Concentrator 简化了 Convex 保险库的使用流程，并将所有奖励集中到自动复利的顶级代币中，提高了资本效率和收益率。
- 这四个协议之间形成了一个正反馈循环，增强了彼此的价值和影响力。

6.6 普通人如何参与其中

正如我们在前面提到的，DeFi 的目标是打破传统金融体系的壁垒和限制，让任何人都可以自由、公平、透明地参与金融活动。那么，作为一个散户，如何参与到 DeFi 世界中并获取收益呢？下面给出了几种策略，可以根据自己的风险偏好和收益目标，选择不同的 DeFi 策略来赚取收益。

- DEX 组 LP：DEX 是去中心化交易所，它允许用户在不需要中介的情况下直接交易代币。DEX 的流动性来源于用户提供的资金池，也就是 LP（流动性提供者）。用户可以将两种代币按照一定比例存入资金池，从而获得 LP 代币，代表自己在资金池中的份额。LP 代币可以用来赚取交易手续费和其他激励奖励。比如，在 Uniswap 这个 DEX 上，用户可以将 ETH 和 USDC 按照 1∶1 的比例存入资金池，获得 UNI LP 代币，并将其质押在 Uniswap 上，赚取 UNI 代币作为奖励。
- 循环杠杆借贷：借贷是 DeFi 中最基础的服务之一，它允许用户借入或借出代币，并获得利息。循环杠杆借贷是一种利用借贷协议来放大自己的资金量和收益率的策略。具体来说，就是用户先将自己持有的代币作为抵押物借入另一种代币，然后再将借入的代币作为抵押物再次借入另一种代币，如此反复多次，从而增加自己的资金量。然后用户可以将增加后的资金量用在其他 DeFi 乐高积木中获取更高的收益。比如，在 MakerDAO 这个借贷协议上，用户可以将 ETH 作为抵押物借入 DAI 稳定币，并将 DAI 存入 Compound 这个借贷协议中赚取利息。然后用户可以再次将 Compound 发行的 cDAI 作为抵押物在 MakerDAO 中借入更多的 DAI，重复上述步骤多次，从而放大自己的收益。

- 乐高积木赚取多重收益：乐高积木赚取多重收益是指利用不同的 DeFi 乐高积木之间的协作和互动来实现收益叠加和复利效果的策略。具体来说，就是用户将自己的代币存入一个 DeFi 乐高积木中，获得一个新的代币作为凭证，然后再将这个凭证代币存入另一个 DeFi 乐高积木中，获得另一个新的代币作为凭证，如此反复多次，从而在每个 DeFi 乐高积木中都获取收益。比如，在 Curve 这个专注于稳定币交易的 DEX 上，用户可以将 DAI 和 USDC 按照一定比例存入资金池，获得 3CRV LP 代币，并将其质押在 Convex 这个基于 Curve 的垂直管理协议上，赚取 CRV 和 CVX 代币作为奖励。然后用户可以将 CRV 转换为 cvxCRV，并质押 cvxCRV 在 Clever 这个由 AladdinDAO 开发的新工具上，赚取更多的收益和复利。最后用户可以将 cvxCRV 存入 Concentrator 这个收益增强器中，获得 aCRV 代币，并将其质押在 Clever 上，赚取更多的收益。

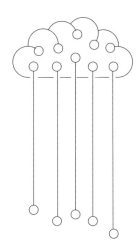

第7章
DID

7.1 什么是 DID

无论是作为个人还是组织,都需要在不同的场合和环境中使用一些能够唯一区分我们的标识符。这些标识符可以帮助我们与他人进行有效的沟通(如电话号码、电子邮件地址、社交媒体上的用户名等)证明我们的身份和权益(如护照、驾驶执照、税号、健康保险等)以及识别和管理我们的产品及资源(如序列号、条形码、RFID 等)。这些标识符在物理世界和数字世界中都有着重要的作用和价值。

对于"人"来说,其标识符就是在物理世界中的"身份",每个人从出生开始就拥有了独一无二的身份特征,包括外貌、体重、年龄、肤色、指纹等。为了快速描述任何个体的身份特征,我们使用姓名作为代号,这可以帮助大家快速识别他人并联想到关于对方的一切信息,这些信息被统称为身份。在数字世界中,每个人也需要有一个或多个标识符来表明自己的身份,以便在不同的平台和服务中进行交互和沟通。这些标识符可以是数字也可以是符号,例如电话号码、电子邮件地址、社交媒体上的用户名等。为了管理和保护这些标识符,我们需要一种身份系统来帮助我们获取、验证和使用我们的数字身份。

身份系统是一种用于管理实体数字身份的系统,它可以应用于不同的领域和场景,例如金融、医疗、教育、社交等。身份系统包括两个方面：静态的身份定义和动态的身份操作。静态的身份定义涉及实体的属性、特征、标识符和证据，用于描述和区分不同的实体，并为实体提供一个唯一的身份标识，例如姓名、出生日期、身份证号等是实体的属性，指纹、面部特征等是实体的特征，电话号码、电子邮件地址等是实体的标识符，护照、驾驶执照等是实体的证据。动态的身份操作涉及实体的凭证、验证和生命周期管理，用于在不同场合和环境中确认并使用实体的身份，并根据实体的变化或需求来更新或撤销身份信息，例如密码、公钥、生物特征等是实体的凭证，比对或签名等是实体的验证方式，注册、更改、删除等是实体的生命周期管理操作。一个完整的身份系统应该包括以下几个模块：身份证明和注册、绑定和凭证、身份验证和身份生命周期管理。

在数字世界中，互联网设计之初并没有考虑为人们提供一种统一的、可信的、可移植的数字身份层。因此，数字身份问题被分散到各个网站和应用程序中，每个平台都有自己的身份管理和认证方式，这种碎片化的方法在互联网初期或许还能满足基本需求，但随着在线人口的增长和网络活动的多样化，它的弊端也日益显现。用户名和密码仍然是最常见的身份验证方式，但它们也是最不安全的方式之一。普通人不得不记住多达几十个不同的密码，或者重复使用相同的密码，这样既降低了用户体验，又增加了账户被盗用或隐私被泄露的风险。

研发一个统一的互联网身份认证系统成为了亟待解决的问题，它可以让用户用少数数字身份在不同平台或服务中安全、便捷、自主地管理身份数据和隐私。这样，用户不仅可以节省时间和精力，还可以避免身份欺诈和数据泄露的风险。同时，数字世界里的参与者还包括万事万物，例如网站、应用、设备、文件、图片、视频等，它们都是一些由比特序列组成的数字对象，它们也有自己的属性、特征、标识符和凭证。这些数字对象可能是用户创造或使用的，也可能是服务提供者提供或存储的，它们的权属和权益需要定义及保护。例如，用户可能想要保留自己拍摄的照片的版权，或者出售自己制作的视频或音乐；服务提供者可能想要验证用户对某些文件或应用的访问权限，或者收取某些数字内容的使用费用。因此，我们需要一个统一的标准来对所有数字对象的身份进行证明和验证，并让用户可以在不同平台和服务中方便地共享及转移这些数字对象。

为了实现一个统一的互联网身份认证系统，我们引入了分布式数字身份（Decentralized Identifiers，DID），这是一种基于区块链等分布式账本技术的数字身份解决方案。W3C DID 工作组是一个由多方参与的国际组织，负责制定 DID 的核心架构、数据模型和表示方式的规范。W3C DID 工作组于 2022 年 7 月 19 日正式发布 DID 1.0 规范，这是 DID 标准化的一个重要里程碑事件。在 W3C 的 DID 1.0 规范中，将 DID 定义为一种新的全球唯一标识符，由三部分组成：DID URI 方案标识符；DID 方法的标识符；DID 方法特定的标识符。这种标识符不仅可以用于人，也可以用于万事万物，如一辆车、一只动物，甚至一台机器。每个 DID 都对应一个 DID 文档，其中包含与该 DID 相关的身份信息，例如公钥、服务端点、认证方式等。用户可以通过自己控制的数字钱包来管理自己的 DID 和 DID 文档，也可以根据不同的场景和需求来选择不同的 DID 方法和属性。DID 可以实现数字身份的自主管理和跨域互操作，为用户提供更高的隐私保护和数据主权。下面，我们将对 DID 从技术架构角度进行拆解，DID 技术的核心构成要素包括三个：DID、DID Document 和 Verifiable Data Registry，如图 7-1 所示。

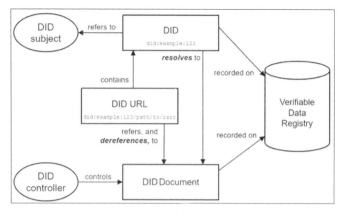

图 7-1　DID 架构（资料来源：W3C DID1.0 标准）

（1）DID。

DID 是一种特殊的 URI，它有两个作用：一是用一个永久不变的字符串来标识任何实体（DID 主体），例如人、物、机器或动物等；二是用一个 DID URL 来链接到描述实体的文件（DID 文档），即通过 DID 可以在数据库中找到相应的 DID 文档。DID 标识方法如图 7-2 所示。

图 7-2　DID 简单示例

DID 由三部分构成：第一部分是 DID 方案（类似于 URL 中的 http、https、ftp 等协议）；第二部分是 DID 方法标识符（通常是 DID 方法的名字）；第三部分是 DID 方法内部的唯一标识符。W3C 只规定了 DID 的格式，即 <did = "did：" method-name "：" method-specific-id>，但没有规定三个部分的具体内容，这与 DID 方法有关。

DID 方法是一组公开的操作规范，定义了如何创建、解析、更新和删除 DID，以及如何在身份系统中进行注册、替换、轮换、恢复和过期等操作。目前没有统一的操作规范，各个公司可以根据场景需求自行设计，这些规范由 W3C CCG（World Wide Web Consortium Credertials Community Group，W3C 凭据社区组）统一管理。截至 2021 年 8 月 3 日，在 W3C 登记的 DID 方法有 103 种，都有不同的名字和标识符表示方式。

（2）DID 文档。

DID 文档（DID Doc）是一个包含了 DID 主体相关信息的通用数据结构，通常由 DID 控制者负责创建、更新和删除，文件里记录了 DID 主体的身份验证方法（如加密公钥、相关地址等），提供了一种机制让 DID 控制者能够证明其对 DID 的控制权。需要说明的是，DID 控制者可能是 DID 主体本人，也可能是第三方机构，不同的 DID 方法对 DID 文档的权限管理有所不同。

如图 7-3 展示了一个与图 7-2 中的 DID 相对应的 DID 文档（用 JSON-LD 编写），它存储在一个可供所有人访问和控制的位置（可以是中心化的，也可以是去中心化的），以便被查找和解析。

```
EXAMPLE 1: A simple DID document
{
  "@context": [
    "https://www.w3.org/ns/did/v1",
    "https://w3id.org/security/suites/ed25519-2020/v1"
  ],
  "id": "did:example:123456789abcdefghi",
  "authentication": [{
    // used to authenticate as did:...fghi
    "id": "did:example:123456789abcdefghi#keys-1",
    "type": "Ed25519VerificationKey2020",
    "controller": "did:example:123456789abcdefghi",
    "publicKeyMultibase": "zH3C2AVvLMv6gmMNam3uVAjZpfkcJCwDwnZn6z3wXmqPV"
  }]
}
```

图 7-3　对应的 DID 文档

DID 文档可以被看作是一个身份信息地图，如图 7-4 所示，它由两部分组成：第一部分是标签，它们是 DID 文档中可以直接查询和阅读的内容，包括三类，即核心标签（如 id、controller、authentication 等）、扩展标签（如以太坊地址等）以及一些未在 W3C DID 规范登记的标签；第二部分是链接，它们是通过 URL 等特定形式，链接到第三方平台或网站系统查询相关身份信息的入口。为了保证最大程度的互操作性和信息兼容性，W3C 建立了 DID 规范注册表，保证特定形式的内容在 DID 文档中可以被识别和解析。当有新的标签出现，相关平台或系统需要向 DID 规范注册表登记。

图 7-4　DID 文档的身份特征入口（资料来源：W3C DID 白皮书）

不同的 DID 之间可能存在信息交互关系，如图 7-5 所示，在 W3C 中提出了生产和消费的概念：生产指的是创建一个 DID 文档的过程，消费指的是将一个已创建的 DID 文档引用到该 DID 主体中的其他 DID 创建过程中。在验证过程中，每个 DID 对应的 DID 文档是独立的，相当于对每个 DID 做了信息隔离。在验证过程中，DID 持有人可以根据需要对不同的 DID 进行授权，验证人只能阅读到被授权的 DID 文档，而无法获得更多信息，从而达到保护 DID 主体信息隐私的目的。

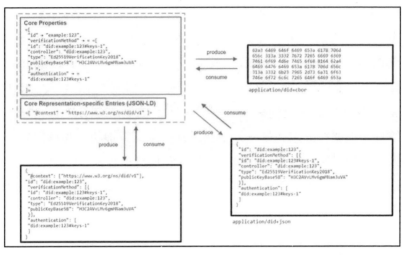

图 7-5 DID 生产和消费的表示（资料来源：W3C DID 白皮书）

（3）Verifiable Data Registries（VDR）。

DID 的目的是让用户自己掌握自己的身份信息管理权，而不是依赖平台。在这个过程中，用户需要解决的问题有三个：一是自己的身份信息存储在什么地方？二是在需要验证自己的身份时，如何找到并提供这些信息？三是如何保证这些信息的真实性和可信度？为了解决这些问题，我们提出了可验证数据注册表（VDR）概念，它是一种能够记录和提供 DID 数据的系统，可以是分布式账本、分布式文件系统、P2P 网络或其他可信任的渠道，而且 VDR 与 DID 方法有着密切的联系，通常每个 VDR 都会根据 W3C DID 规范设计自己的 DID 方法。VDR 的作用是为 DID 提供一个可靠的数据源，让 DID 控制者能够创建、更新和删除 DID 文档，以及验证 DID 主体的身份。不同的 VDR 有不同的数据结构、存储方式、访问权限和安全性，因此需要不同的 DID 方法来适应不同的 VDR。DID 方法是一组定义如何在特定的 VDR 上操作 DID 和 DID 文档的规范，包括 DID 的格式、DID 文档的结构、DID 解析的过程以及 DID 生命周期管理的方法。通过遵循 DID 方法，DID 控制者和验证者可以在不同的 VDR 之间实现互操作性和兼容性。

7.2 DID 的应用场景

由于 Web3.0 是一个去中心化、开放和多样的网络，涉及许多不同的区块链平台、协议和应用。这就导致用户在 Web3.0 中面临一些与身份和数据相关的问题，如重复注册、数据孤岛、隐私泄露等，一个统一的身份标准能够解决当前 Web3.0 中存在的一些痛点，接下来将分别对其进行介绍。

7.2.1 DID 在 NFT 领域的应用和价值

NFT 是一种基于区块链技术的数字收藏品，它可以赋予数字艺术和其他内容独一无二的身份和价值。然而，NFT 领域也存在着一些问题，如身份验证、版权保护、跨链转移和交易等。

首先是 NFT 的身份验证和版权保护问题。NFT 的创作者和拥有者需要能够证明自己对 NFT 的所有权和身份，以及 NFT 的真实性和唯一性。然而，当前的 NFT 系统并没有提供有效的身份验证和版权保护机制，导致 NFT 的盗用、伪造、侵权等问题。DID 可以通过让 NFT 的创作者和拥有者用自己的数字身份来签名和验证 NFT，从而提高 NFT 的可信度和价值。DID 还可以通过让 NFT 的创作者和拥有者在区块链上记录和更新 NFT 的元数据，来保护 NFT 的版权。

还有 NFT 的跨链转移和交易问题。NFT 的拥有者需要能够在不同的区块链网络之间转移和交易 NFT，以增加 NFT 的流动性和可用性。然而，当前的 NFT 系统并没有提供有效的跨链转移和交易机制,导致出现 NFT 的孤岛、碎片、不互通等问题。DID 可以通过让 NFT 的拥有者用自己的数字身份在不同的区块链网络之间识别和控制 NFT,从而实现 NFT 的跨链转移和交易。DID 还可以通过让 NFT 的拥有者用自己的数字身份来与其他实体进行信任和协作,来实现 NFT 的跨链共享和协作。

7.2.2　DID 在 DeFi 领域的应用和价值

在 DeFi 领域,用户需要证明自己的身份和信用,以便参与各种金融服务。然而,目前的 DeFi 系统并没有提供有效的身份认证、授权和信用评估机制,导致用户的隐私泄露、欺诈风险、资金损失等问题。DID 可以通过让用户用自己的数字身份来进行身份认证、授权和信用评估,从而降低 DeFi 的门槛和风险。用户可以自主管理和控制自己的数字身份和数据,选择何时、与谁、以何种条件进行身份披露和交易。DID 还可以通过让用户用自己的数字身份来与其他实体进行数据共享和协作,从而提升 DeFi 的安全性和效率。用户可以在保护自己隐私的同时,利用区块链上的可验证凭证(Verifiable Credentials)来证明自己的属性、资产、行为等,从而获得更多的信任和机会。DID 还可以让用户在不同的 DeFi 平台和协议之间使用同一个数字身份和数据,从而实现 DeFi 的跨链互操作和一致性。

7.2.3　DID 在 DAO 领域的应用和价值

目前的 DAO 系统并没有提供有效的身份识别、治理能力和激励机制,导致 DAO 的低效、混乱、不活跃等问题。DID 可以通过让成员用自己的数字身份来参与 DAO 的治理和协作,从而增强 DAO 的治理能力和协作效率。成员可以自主管理和控制自己的数字身份及角色，选择何时、与谁、以何种条件进行决策和执行。DID 还可以通过让成员根据自己的数字身份和贡献来获得相应的声誉和激励，从而促进 DAO 的发展和创新。成员可以在区块链上记录和展示自己的数字身份与贡献，从而获得更多的信任和机会。DID 还可以让成员在不同的 DAO 平台和协议之间使用同一个数字身份与数据，从而实现 DAO 的跨链互操作和一致性。

7.3　相比于微信账号，我们为什么需要 DID

随着互联网的发展以及用户对身份控制和自我保护意识的增强，数字身份系统的演化过程可以分为三个阶段：中心化—联盟—去中心化。

中心化的数字身份系统：这是最早的数字身份系统，它由中心化的平台或机构来管理和控制用户的数字身份与数据。用户需要在每个平台或机构上注册和验证自己的身份，从而产生多个不互通的数字身份。这种系统存在着诸多问题，如隐私泄露、数据滥用、身份盗用等。

联盟的数字身份系统：这是目前较为普遍的数字身份系统，它由多个中心化的平台或机构之间通过协议来共享和验证用户的数字身份和数据。用户可以在一个平台或机构上验证自己的身份，然后在其他平台或机构上使用同一个数字身份。这种系统解决了一部分问题，如重复注册、登录不便等，但仍然存在着其他问题，如隐私保护、数据安全、信任缺失等。

去中心化的数字身份系统：这是目前正在发展的数字身份系统，它由基于区块链技术的去中心化网络来管理和控制用户的数字身份与数据。用户可以拥有和控制自己的数字身份与数据，而不依赖任何中心化的平台或机构。用户可以在任何支持去中心化数字身份的平台或机构上使用同一个数字身份，并且可以自主地选择何时、与谁、以何种条件进行身份披露和交易。这种系统可以解决大部分问题，如隐私保护、数据安全、信任建立等。

中心化和联盟的数字身份系统都是由一个或多个主体来保持用户身份以及相关数据的所有权，如果用户想要使用该系统在外部进行授权操作，则需要经过以下过程：

（1）用户在一个中心化的平台或机构上注册并创建自己的数字身份与数据，如用户名、密码、个人信息等。

（2）用户在需要使用该平台或机构提供的服务或应用时，需要用自己的数字身份和数据来进行身份验证与授权，如输入用户名和密码等。

（3）该平台或机构会对用户的数字身份和数据进行验证与授权，如检查用户名和密码是否正确、是否符合服务或应用的要求等。

（4）如果验证和授权成功，用户就可以使用该服务或应用；如果验证和授权失败，用户就无法使用该服务或应用。

在中心化的数字身份系统进行授权的过程中，用户对于数据掌控权很弱，主要表现在以下几个方面。

（1）用户无法选择和控制自己的数字身份与数据的提供，必须向中心化的平台或机构提供自己的数字身份与数据，如用户名、密码、个人信息等。用户也无法知道自己的数字身份与数据会被中心化的平台或机构如何存储、使用、共享和出售等。

（2）用户无法选择和控制自己的数字身份与数据的验证，必须用自己的数字身份与数据来进行身份验证和授权，如输入用户名和密码等。用户也无法知道自己的数字身份与数据会被中心化的平台或机构如何验证、授权、记录和分析等。

（3）用户无法选择和控制自己的数字身份与数据的授权，必须接受中心化的平台或机构对用户的数字身份与数据进行验证和授权，如检查用户名和密码是否正确、是否符合服务或应用的要求等。用户也无法知道自己的数字身份与数据会被中心化的平台或机构如何决定、执行、反馈和改变等。

（4）用户无法选择和控制自己的数字身份与数据的使用，必须遵循中心化的平台或机构对用户使用该服务或应用的条件，如是否验证成功、是否符合要求等。用户也无法知道自己的数字身份与数据会被中心化的平台或机构如何影响、利用、限制和剥夺等。

微信作为中心化身份管理系统，同样存在着这样的问题，微信的数字身份与数据都存储在腾讯公司的服务器上，用户无法自主地管理和控制自己的数字身份与数据，也无法选择何时、与谁、以何种条件进行身份披露和交易。用户也无法知道自己的数字身份与数据会被腾讯公司或其他第三方如何存储、使用、共享、出售等。

不仅如此，微信作为强中心的身份管理系统，有着极大的权力来限制用户与其他应用的交互，极大限制了互联网生态的发展。微信可以随意地屏蔽或封禁与其竞争或不合作的平台或机构，如阿里巴巴、百度、字节跳动等。用户无法在微信上使用与访问这些平台或机构提供的服务和应用，也无法在这些平台或机构上使用与访问微信提供的服务和应用，对用户的使用造成了极大的不便。

但如果使用了 DID，就不会存在这样的问题。它利用区块链技术实现了去中心化、自主化、可验证的特性具有以下几个优势。

（1）去中心化。

DID 不需要依赖任何中心化的平台或机构来存储、管理或验证用户的数字身份和数据，而是通过区块链网络来实现分布式的共识和协作，保证数字身份和数据的完整性、可追溯性、不可篡改性。

（2）自主化。

DID 让用户成为自己数字身份和数据的主人，用户可以自主地创建、更新、删除、恢复自己的数字身份和数据，也可以自主地选择何时、与谁、以何种条件进行身份披露和交易，而不受任何第三方的干预或限制。

（3）可验证。

DID 让用户的数字身份和数据具有可验证性，用户可以用自己的私钥来签名和验证自己的数字身份与数据，也可以用公钥或其他证明方式来向其他方提供自己的数字身份与数据的真实性、有效性和可信性，而不需要任何第三方的验证和授权。

（4）保护隐私和数据安全。

DID 让用户可以保护和控制自己的隐私与数据安全，用户可以根据自己的需要和意愿来决定是否、如何、多少地披露自己的数字身份与数据，也可以利用隐私保护技术如零知识证明、同态加密等来实现隐私保护计算，而不担心自己的数字身份与数据被泄露或滥用。

（5）跨平台、跨机构、跨域。

DID 让用户的数字身份与数据具有跨平台、跨机构、跨域的能力，用户可以用同一个数字身份在任何支持 DID 的平台或机构上进行身份披露和交易，也可以在不同的场景下使用不同的服务和应用，而不受限制或干扰。

（6）可恢复。

DID 让用户的数字身份与数据具有可恢复性，用户可以在自己的数字身份与数据丢失或损坏时进行恢复或补救，也可以在自己想要更换或升级自己的数字身份与数据时进行迁移及转移，而不影响自己的数字身份与数据的连续性或一致性。

7.4 DID 标杆案例拆解：ENS——Web3.0 的数字身份

ENS 的数字身份如图 7-6 所示。

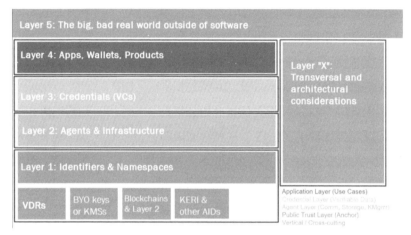

图 7-6 ENS 的数字身份

DID 生态是一个基于区块链技术的自我主权身份的系统，它由不同的组件和协议组成，实现了数字身份的创建、发现、交换和管理。根据 DIF 基金会的标准，DID 生态可以分为四个层次，即身份层、发现层、交换层、生态系统层。

（1）身份层。

这是 DID 生态的基础层，它定义了两个核心的概念和数据模型，分别是分布式数字身份（DID）和可验证凭证（VC）。DID 是一种唯一、持久、可解析、可更新和可撤销的数字身份标识符，它可以用来代表任何实体（如人、组织、物品或服务）。VC 是一种包含有关实体的声明或属性的数字证明，它可以由一个实体（发行者）签发给另一个实体（持有者），并且可以被第三方（验证者）验证其真实性和有效性。身份层还定义了用于生成、签名、验证、撤销 DID 和 VC 的加密方法与算法，如椭圆曲线数字签名算法（ECDSA）、零知识证明（ZKP）等。

（2）发现层。

这是 DID 生态的连接层，提供了在不同的区块链或分布式账本上发现和解析 DID 的机制，以及从各种来源查找和请求 VC 的机制。发现层使用了一些协议和标准，如 DID 解析器（DID Resolver）、DID 文档（DID Document）、DID 服务端点（DID Service Endpoint）等，来实现 DID 到其相关信息（如公钥、服务地址等）的映射和访问。发现层还使用了一些协议和标准，如身份中心（Identity Hub）、代理（Agent）或注册中心（Registry）等，来实现 VC 的存储、查询和请求。

（3）交换层。

这是 DID 生态的通信层，使用了一些协议和标准，如 DID Comm 或 Presentation Exchange 等，来实现不同各方之间的安全及隐私保护的 VC 通信和交换。交换层使得发行者可以向持有者签发 VC，持有者可以向验证者展示 VC，验证者可以向持有者、发行者请求 VC 或其他证明。交换层还使得各方可以根据自己的需要和意愿来选择披露或请求 VC 中的部分/全部信息，以及使用隐私保护技术来保护自己的隐私和数据安全。

（4）生态系统层。

这是 DID 生态的应用层，包括了一些治理框架、策略和最佳实践，来指导跨不同领域和用例的分散身份解决方案的开发及采用。生态系统层涉及了一些法律、伦理、社会、商业等方面的问题和挑战，如如何建立信任、如何保护用户权益、如何促进合作与创新等。生态系统层也涉及一些具体的应用场景和案例，如金融服务、医疗保健、教育认证、社交网络等。

以太坊名称服务（ENS）是一个建立在以太坊区块链上的分布式、开放且可扩展的命名系统。它的主要目标是为人类提供更加友好的命名方式，将机器可读的标识符，如以太坊地址和星际文件系统 IPFS 内容散列，映射为易于记忆的名称。这使得用户可以使用更加人性化的方式来访问以太坊网络上的资源，例如将以太坊地址转换为易于记忆的名称，例如"alice.eth"。

ENS 的网络主页如图 7-7 所示。

图 7-7　ENS 的网络主页

与互联网域名服务 DNS（Domain Name System）相似，ENS 也支持"反向解析"，即将元数据（如规范名称或接口描述）与以太坊地址相关联，从而进一步简化人们对于以太坊地址的记忆难度。ENS 的架构与 DNS 有所不同，它在称为域的点分隔层次结构名称系统上运行，域的所有者可以完全控制子域。这意味着 ENS 的所有者可以自由地创建自己的命名空间，并为这些命名空间定义自己的规则和限制。

与 DNS 不同的是，所有的 ENS 注册时都需要符合 ERC-721

标准，因此 ENS 在本质上依旧是 NFT。这使得每个 ENS 域名都是唯一的，可以在以太坊网络上进行交易和转移。这也为 ENS 域名的所有者提供了更多的商业机会，例如出售或租赁自己的 ENS 域名。可以说，ENS 是目前以太坊生态系统中不可或缺的一部分，它为以太坊用户提供了更加便利的命名方式，同时也为以太坊应用程序的开发提供了更加友好的接口。

在 ENS 中，顶级域名如".eth"和".test"由智能合约注册商拥有。这些智能合约规定了管理其子域名分配的规则，因此任何人都可以获得域名的所有权供自己使用，只需遵循这些注册商合同规定的规则。这使得 ENS 成为一个去中心化的域名系统，可以让用户在无须信任中介的情况下，直接拥有和掌控自己的域名。

除此之外，ENS 还支持导入用户已拥有的 DNS 名称，以便在 ENS 上使用。这意味着用户可以将其已有的域名与 ENS 上的域名进行关联，从而在 ENS 上使用其已有的域名。ENS 的分层结构使得任何拥有域名的人都可以根据需要为自己或他人配置子域。这种机制使得 ENS 的域名分配变得非常灵活和高效，同时也为用户提供了更加个性化的命名方式。举例来说，如果 Alice 拥有"alice.eth"，她可以创建"pay.alice.eth"并根据需要对其进行配置。这就意味着 Alice 可以根据自己的需求和喜好，创建出符合自己品牌形象和业务特点的子域名，并加以管理和配置。这种个性化的命名方式，不仅为用户提供了更加便捷的域名使用方式，也为企业和个人品牌的推广提供了更加广阔的空间。

ENS 由以下几个组件构成。

（1）ENS 注册表。

ENS 注册表是一个部署在以太坊区块链上的智能合约，它负责记录 ENS 名称的所有权和功能。它把每个 ENS 名称对应到一个所有者地址和一个解析器地址，这样就可以确定谁可以管理这个名称，以及这个名称可以指向哪些信息。这个组件属于 DIF 四层生态系统中的身份层，涉及创建、验证 ENS 名称的基础知识和数据结构。ENS 名称是一种去中心化的标识符，它可以和 DID（分布式数字身份化标识符）以及 VC（可验证凭证）一起使用，实现自主身份的功能。

（2）ENS 解析器。

ENS 解析器是一种特殊的智能合约，它负责把 ENS 名称转换成用户需要的各种信息，比如以太坊地址、IPFS 哈希或任意文本值。用户可以通过调用 ENS 解析器的函数，查询或修改 ENS 名称对应的记录。这个组件属于 DIF 四层生态系统中的发现层，它涉及如何查找和获取 ENS 名称的相关信息，包括它们所指向的其他资源，比如 IPFS 文件或社交媒体账号。

（3）ENS 注册商。

ENS 注册商是一种控制特定后缀（如"eth"或".xyz"）的 ENS 名称的分配和更新的智能合约。它们规定了用户如何申请、拥有、转让和续费这些 ENS 名称，以及需要支付的费用和分配的方式。这个组件属于 DIF 四层生态系统中的生态层，它涉及如何制定与执行 ENS 名称在不同域名及场景中的使用和管理的规则、标准、建议。

（4）ENS 应用。

它是一个网页界面，允许用户与 ENS 协议交互并管理他们的 ENS 名称和记录。这个组件可以被视为 DIF 四层生态系统中交换层的一部分，它促进了不同方之间（如用户、应用或平台）对 ENS 名称及记录的安全与隐私保护的通信和交换。

ENS 的工作原理是使用以太坊区块链上的两个智能合约：ENS 注册表和 ENS 解析器。ENS 注册表是一个全局数据库，存储了所有的 ENS 名称及其所有者和解析器。ENS 名称的所有者可以控制它的使用方式，比如转移、更新，或设置子域名。ENS 名称的解析器是另一个智能合约，实现了将名称解析为各种记录的逻辑，比如地址、IPFS 哈希或文本值。

ENS 的工作原理如图 7-8 所示。

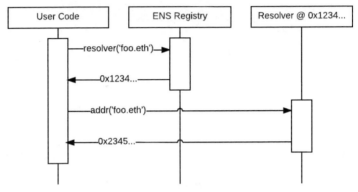

图 7-8　ENS 的工作原理

ENS 可以为用户带来 Web3.0 身份、原生支付、增强域名产权以及去中心化网络服务，ENS 为 Web3.0 领域带来了更加全面和多元化的区块链体验，使得区块链应用能够更好地为用户服务和创造价值。

早期，ENS 专注于在以太坊区块链上创建带有 .eth 扩展名的域名。然而到了 2021 年 8 月，ENS 已经允许 DNS 域名（如 .com、.cash、.money）加入其中。这一变化意味着像 Google 这样的公司现在可以选择将其 DNS 域名（如 Google.com）集成到 ENS 系统中。这样做使得谷歌可以将其域名用作钱包、Web3.0 用户名或分散化网站。这个变化对于 ENS 和 DNS 的整合来说意义重大，因为它为分散化网络提供了一个通用命名系统，比传统的 DNS 系统提供更多的灵活性和便利性。

ENS 的这一变化被认为是向分散化互联网过渡的里程碑，它为用户提供了友好以及无缝的在线体验，消除了与中心化控制相关的风险。对于企业和机构来说，将其 DNS 域名集成到 ENS 中可以使其更好地融入 Web3.0 生态系统，并为其用户提供更加便捷和安全的在线体验。对于 Web3.0 生态系统来说，ENS 的整合将进一步扩展分散化网络的能力，为 Web3.0 的创新和演进提供大量机会。在 ENS 中使用 DNS 域名将使得 Web3.0 应用程序更加易于使用和访问，从而促进更多用户的采用和参与。这将进一步加速 Web3.0 的发展和推广，为我们进入一个更加分散化和去中心化的互联网时代铺平道路。

要使用 ENS，需要使用 ENS 应用或其他兼容平台来注册一个 ENS 名称。可以从不同的域名中选择，比如 .eth 或 .xyz，并支付一定的费用（用 ETH 或其他代币）来保证名称在一定时间内有效。也可以在名称过期之前续费，或者如果不再需要它，就释放它。一旦有了一个 ENS 名称，就可以设置解析器，并添加记录来把名称链接到想要的资源。也可以根据需要编辑或删除你的记录。

当有人想要使用 ENS 名称，可以查询 ENS 注册表来找到解析器地址，然后查询解析器来获取他们想要的记录。例如，如果有人想要用 ENS 名称发送 ETH，他们可以向解析器请求 ETH 地址记录，然后用它来进行交易。同样，如果有人想要用 ENS 名称访问在 IPFS 上托管的网站，他们可以向解析器请求你的 IPFS 哈希记录，然后用它来加载内容。

ENS 作为 DID 的龙头项目，目前具有 ENS 的独立地址数已经达到了 70 万，然而，作为一个 Web3.0 项目，ENS 的代币经济学设计存在一些不足之处，比如缺少代币赋能机制，目前 ENS 代币只用于治理和投票，没有其他收益或权益，也没有激励用户和开发者更多地使用和扩展 ENS 协议的功能与价值。因此，还有很多改进空间，比如设计一些代币分配和分发的机制，让 ENS 的用户和开发者能够从 ENS 协议的增长与发展中获得更多的收益以及权益，比如注册费用的返还、域名使用量的奖励、域名质押和借贷等。这样可以增加 ENS 代币的流动性和需求，同时也可以激励更多的人参与 ENS 协议的建设和治理，促进 ENS 协议的创新和扩展。

所有的 ENS .eth 域名和集成 DNS 域名都可以用作加密货币原生钱包地址，来支持多种加密货币，如 BTC、ETH、DOGE 等以及其他集成的资产。通过将 ENS 与 DNS 集成，用户可以直接向特定网站发送交易付款，无须通过支付中介，实现更加便捷和高效的交易。因此，这种集成方式不仅提高了交易效率，同时也增加了交易的安全性和可靠性。

为了支持当前世界浏览互联网的方式，ENS 致力于将其集成到现有的域名系统（DNS）。然而，与传统的 .com 域名注册提供商（例如 Verisign 或者 GoDaddy）不同，ENS 协议无法撤销用户的 .eth 地址。这是因为用户只要为域名付费，就可以一直控制着自己的域名，而不必担心因为某些原因而被收回。这种设计使得 ENS 协议更加符合去中心化的特点，让用户更加自由地使用自己的域名。

ENS 地址不仅可以在传统的域名系统（DNS）中使用，还可以与其他分布式系统一起使用，例如 IPFS（星际文件系统）、Sia Skynet 和 Arweave 等。通过将 ENS 或集成到 ENS 的 DNS 连接到 IPFS，网站可以存储在 IPFS 上，从而实现更加高效、稳定和安全的存储方式。这种集成方式可以提高网站的访问速度，为用户提供更加优质的网站体验。可以说 ENS 与其他分布式系统的集成，为 Web3.0 的发展和进步带来了更多的可能性与机会。

虽然 ENS 并不是 Web3.0 域名领域的唯一项目方，但是，由于

ENS致力于构建一个可与现有世界进行集成的协议，使得越来越多的个人和公司选择使用ENS。作为一种命名协议，ENS相比其他类似项目更具优势，因为它可以支持其他协议、区块链和域名，这意味着未来ENS不会仅仅局限于在以太坊网络上发展，而可以与其他网络互通。同时，对于那些选择使用ENS的个人和公司来说，ENS的优势还在于其协议的安全性和稳定性。这是因为ENS是以太坊上的一个开源协议，保障了使用过程的安全和稳定。在可预见的未来里，由于其丰富的功能和卓越的性能，ENS在Web3.0域名领域的地位不断攀升，应用前景将变得越来越广阔。

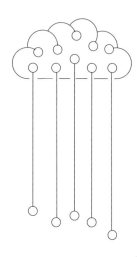

第8章
SocialFi

8.1 当 Web3.0 遇见社交：SocialFi 概念解析

SocialFi 是一种 Web3.0 时代下的社交媒体新范式，融合社交媒体和去中心化金融（DeFi），为用户提供独一无二的 Web3.0 社交体验。在 Web2.0 时代，社交媒体平台的算法是决定用户与谁交往、喜欢什么活动、看哪种内容等的关键因素。然而，这种算法驱动的社交生态存在一些问题。Web2.0 的社交关系依附中心化平台，这使得社交关系变得脆弱。由于社交平台的中心化架构，用户的社交关系可能会被平台所控制，而不是由用户自主决定。这种情况使得社交关系的建立和维护变得更加困难和不确定。

此外，内容创作者无法获得价值体现。在 Web2.0 社交平台上，内容创作者往往无法从自己的内容中获得足够的价值体现。他们可能需要与平台分享自己的收入，或者只能获得微薄的收益。这种情况使得创作者难以获得足够的激励来持续创作优质的内容。另外对用户来说，数据归平台所有。在 Web2.0 社交平台上，用户的个人数据往往会被平台所垄断，这使得用户无法控制自己的个人数据。用户的个人数据可能会被用于广告或者其他商业用途，而用户自身并没有从中获得什么好处。且盈利模式受平台分配。在 Web2.0 社交平台上，盈利模式往往由平台所决定。平台会从广告、会员费、虚拟商品等多个方面获取收益，但是这些收益往往不会被公平地分配给用户或者内容创作者。

Web3.0 社交利用区块链技术提出了三个重要的解决方案来解决传统社交存在的问题。这三个方案分别是数据所有权、利益分配与激励机制以及用户授权。首先，通过去中心化的社交网络，用户重新拥有了自己的数据所有权。与传统社交网络不同，Web3.0 社交平台上的用户数据不再被平台所垄断，而是由用户自主控制。同时，链上活动和社交数据也变得更加公开透明。社交平台需要征得用户同意并支付费用才能使用或追踪这些数据。区块链技术的不可篡改性确保了用户数据的真实性和透明度。其次，SocialFi 将社交经济实现了 DeFi 化。在 Web3.0 社交中，创作者可以将自己的社交影响力金融化，发行人能够直接与参与者建立联系并从中获益，同时避免了平台等第三方抽成的问题。这种利益分配与激励机制的出现，使得社交经济更加公平和透明。此外，这种机制还可以激励用户和创作者创造更多有价值的内容，从而提高整个社交平台的质量和用户体验。此外，去中心化的 SocialFi 能够保护用户的隐私和安全。相比传统社交网络，用户的个人信息如手机号、电子邮件等不再集中存储在平台的服务器上，降低了数据泄露的风险。同时，用户可以更好地授权自己的数据和社交关系，保护自己的隐私和安全。这种授权机制可以让用户更好地控制自己的数据，避免个人信息被泄露或滥用。

纵观 SocialFi 的发展阶段，第一阶段的发展主要集中在社交图谱协议方面，其中包括 POAP、Project Galaxy、CyberConnect 和 Lens Protocol 等项目。然而，这些项目同时也暴露了一些问题，比如用户画像单一、数据孤岛、缺乏可组合性，以及价值捕获模式不完善等。这些问题使得 Web3.0 社交在实现更加公平和透明的同时，也面临着很多挑战和困难。

在 2022 年 5 月，Vitalik Buterin 等合著的论文《去中心化社会，寻找 Web3.0 的灵魂》，提出了灵魂绑定的概念，为 SocialFi 提出了新的标准范式，为去中心化社交行业增加了新的解决方案，自此引领新的叙事。灵魂绑定代币（SBT）是与用户钱包绑定的代币账户，且不可转让。任何线上或线下组织可以为钱包充值 SBT，但同时发放者也可以撤销操作。一旦接收并放置到钱包中，SBT 即代表用户的唯一标识，持有越多的 SBT 意味着用户被肯定的情况越多，从而形成用户的信用体系和身份。随着链上积累的数据越来越多，未来的 SocialFi 用户将能够拥有一个统一的 ID，这将带来更多的潜在应用场景。

8.2　SocialFi 价值探讨：区块链媒介赋权与内容保护，声誉价值

　　SocialFi 的目标是建立一个去中心化的社交网络，让用户能够自由地进行社交活动，而不受中心化平台的限制。但是，在缺乏中心化平台的情况下，如何确保社交活动的可信度和安全性，需要依靠声誉来发挥作用。

　　一般来说，声誉是用户的信用评级，它反映了用户在社交活动中的表现、行为和贡献。通过声誉，社交网络可以识别出值得信任的用户，从而增强社区的信任和合作，并有效应对恶意行为和欺诈行为。

　　在加密领域，声誉代币通常采用社交代币的形式。这些代币可以由各种实体发行，例如个人、社区、游戏和应用程序，它们可以用于获取社会资本、获取服务和/或转化为奖励（财务或其他）。在加密背景下，社交代币通常可以代表所有权和独特性（在 NFT 的情况下），并且由于区块链的去中心化和可移植性，这些代币可以在整个全球互联网经济中使用，而不仅仅是在单一平台或决策者的范围内。这使得社交代币成为加密世界中的一种非常重要的货币

形式，它们可以被用来促进社交网络的发展和繁荣，并为社交网络中的参与者带来更多的机会和奖励。

根据知名研究机构 Messari 等对去中心化社交类项目的研究报告，可以将去中心化社交类项目赛道中的项目分为两类，这两类项目的区别在于治理和注重点的不同。第一类项目注重提升个体在社交网络中的影响力，如 RAC、Rally Creator Coins 和 Roll 等，其盈利模式依赖粉丝经济，而第二类项目则更加注重团体在社交网络中的影响力，通常采用去中心化自治社区的方式，并采用通证等相关手段来管理社区。

无论是点对点的交往，还是在社区或者平台上进行创作，声誉系统为平台提供了一个机会来认可并激励参与者的高质量贡献，包括内容创建、审核、社区建设和游戏玩法。这对于任何 Web3.0 项目的发展和可持续性都至关重要，因此声誉系统的创新对社交金融（SocialFi）生态很重要，它能够推动参与者的积极行为，促进社区的成长和繁荣。

设计声誉系统需要围绕声誉供应、分配、信誉等进行复杂的考虑。例如，a16z 的声誉系统双通证模型，即通证 A 用于表示声誉，通证 B 用于提供流动性。该模型是基于声誉代币的悖论开始展开的，即数字平台上的声誉代币通常有两个目的，一方面识别和奖励为平台贡献价值的用户——一种信号形式，这些用户可以利用这种信号提升公众声誉，另一方面提供一种补偿形式，使贡献者能够将他们创造的一些价值液化为可兑换货币。尽管这两个角色都很重要，但它们之间存在着对立。代币需要具备可交换性才能被广泛流通，而代币的流通性越高，则其作为纯粹声誉信号的作用就会相应弱化。例如，慈善机构可以开始铸造 NFT，作为奖励给那些完成特定时长社区服务的人。但是，如果这些获奖者可以将他们的 NFT

出售给任何人，那么每当一个用户遇到一个用户时，都必须考虑这个问题："这个人是获得了 NFT 还是购买了它？"这就形成了一个悖论：如果一个代币可以轻易地转移，那么那些没有声誉的人也可以轻易地购买它，从而降低了代币作为声誉信号的能力。

因此，在设计声誉系统时，需要仔细平衡代币的可交换性和作为声誉信号的能力。这可能涉及限制代币的流动性，确保只有真正具有声誉的人才能获得和持有代币，以维护声誉系统的有效性和可靠性。

在加密和区块链环境中，确实没有中心化的第三方来授予权限和声誉。这就导致一种悖论：如何使代币具有价值传递的能力，同时又保持其作为信号来源的有效性。

为了解决这个问题，我们可以基于上文提到的内容详细了解 a16z 提出的双代币声誉系统。我们在上文中提到，在该模型中，其中一个代币被称为积分，它代表不可转让的声誉信号。积分持有者通过其对平台的贡献和声誉的积累来获得积分。另一个代币是可转让的资产，定期分配给积分持有者。实际上，这个代币可以被看作积分的股息，可以用作可交易货币。

通过这种设计，声誉与积分紧密相关，因为代币是由积分持有者累积的。这种双代币模型使得声誉代币既具有价值传递的能力，又能作为声誉信号的基础机构。积分作为不可转让的声誉信号，通过代币的分配和积分持有者的累积来体现声誉的价值。可转让的代币则提供了一种流动性和交易媒介，使得声誉可以在平台内部进行转移和交换。

这种双代币声誉系统的设计，既满足了代币流动性的需求，又保持了声誉作为信号的可信度和有效性。它使得声誉代币能够在加密环境中充分发挥作用，并为参与者提供了一种激励机制。

该声誉系统双通证模型认为，为了激励高质量的参与并保持积分的信号价值，应当将积分与用户的贡献相关联。在游戏背景下，通过算法奖励的方式可以奖励积分。举例来说，Mirror 这样的发布平台可以授权一组用户奖励积分的能力，或者通过治理投票过程来确定积分的分配方式。这样一来，积分能够可靠地将其持有者与声誉来源联系起来。此外，为了让用户了解他们需要付出多少努力才能达到特定的积分水平，必须对作为贡献函数的奖励积分率有清晰的理解。换句话说，在开始参与游戏之前，参与者需要熟悉游戏规则。虽然在许多情况下积分不需要具备稀缺性，但稀缺性可以提高或增强系统的声誉价值。例如，在 Discord 服务器上，只有少数几个人被授予"版主"角色，因此拥有版主徽章的人在服务器中享有更高的声誉。如果服务器同时让太多人成为版主，那么该角色的感知意义和价值就会降低。

此外，该模型强调了股息、供应和分配的重要性。首先，与积分不同，对于股息来说，重要的是让代币相对稀缺，以赋予其作为货币的价值。举例来说，许多加密货币受益于代币供应长期受限的特点，因为只有有限数量的代币可以铸造。在这种情况下，平均总股息必须随着时间的推移而减少，除非存在某种机制将代币吸回系统。尽管在某些情况下需要限制代币供应，但并不一定必须如此。例如，如果代币可以兑换为平台金库中的一部分，那么总代币供应量可以随着金库的增长而扩大。在这种情况下，股息的总规模可能保持相同，甚至随着时间的推移而增加，只要股息的发放间隔足够长，才不会超过金库的增长。

对于那些具有就业类参与功能的平台而言，定期向积分持有者分发代币是最佳的策略。举例来说，可以每月或每天分发代币，以激励用户做出有价值的贡献，从而保持一定的积分水平，并获得稳定的收入，这种股息安排适用于那些用户贡献规律的平台。然而，对于那些用户贡献不太规律的平台（例如某些 DAO），不经常或不定期安排股息更为合适。举个例子，Forefront 通过发行 FF 代币来奖励成员贡献文章或参与编码项目。另一种选择是仅当平台参与度、生产力或资金超过阈值时才发行代币，类似于上市公司的分红制度。Mirror 的 WRITE 代币空投案例就展示了这种股息安排的应用，这种股息安排适用于那些用户贡献不太规律的平台。

在代币与积分相结合的分配方法中，存在多种选择。其中最简单的方法是线性红利，即每个积分都对应平等份额的红利。其实还有其他选择可供考虑，一种常见的方法是凸分红率，即拥有更多积分的用户获得更多的红利份额。这种设计激励对长期参与系统的用户，给予他们保持状态的更多动力。相反的方法是凹股息率，即从 0 积分到 1 积分的增加比从 1 积分到 2 积分更有价值。这种方法适用于吸引新用户，因为它奖励初始贡献比后期贡献更高，使新用户更容易进入平台。而对于匿名用户，维护凸率系统会更加困难，他们可以创建多个账户来获取早期积分。这种情况下，需要采取额外措施来确保系统的公平性和可靠性。选择适合的特定平台和用户需求的分配方法是关键，可以根据平台目标和用户行为选择并调整线性红利、凸分红率和凹股息率等方法。

声誉系统双通证模型认为财务奖励应与贡献相符。理想情况下，代币分配应根据用户为平台带来的价值进行调整，以确保用户通过积分获得的回报与平台通过积分活动产生的边际收益相匹配。具体而言，不同平台可能采用不同方式衡量用户贡献的价值，但边际收益等于边际成本的原则意味着需要相应地调整积分分配规则。这意味着平台可能会根据用户的贡献程度分配代币，确保早期贡献者获得与其对系统贡献重要性相称的份额，即使他们的贡献较少。然而，特别是在早期阶段，平台对贡献价值可能缺乏明确认知，因此需要实验和重新校准代币分配机制。通过不断调整代币分配规则，平台可以逐步优化，确保奖励与用户的贡献相一致。

在声誉激励系统中，持续激励对于鼓励贡献和参与至关重要，而不仅仅是奖励最大的持有者。双代币框架中有几种方法可以实现这种持续激励：一种是通过降低积分的价值来鼓励持续参与，例如减少随着时间推移而获得的红利，这样可以确保用户不仅仅依赖过去积累的积分，而是持续地参与和贡献；另一种方式是让用户的总积分下降，可以是机械地按时间递减，也可以根据他们相对于其他人的参与程度来确定，这样的方法也鼓励持续参与，并避免用户仅仅依赖过去的积分。即使积分池本身在增长，让积分机械地降低也有其价值，因为它可以创造参与激励。社区对代币价值的认可也非常重要，以确保声誉激励系统的可持续性。

因此，建立一个稳定的社区，认可代币的价值，并且相信代币的分配机制是公平和合理的是必要的。在双代币框架中，通过降低积分价值、使用户的总积分下降或机械地降低以及社区对代币价值的认可，可以确保声誉激励系统的可持续性和公平性。

8.3 SocialFi 标杆案例：RSS3

RSS3 官方页面如图 8-1 所示。

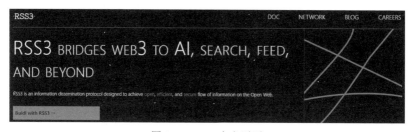

图 8-1 RSS3 官方页面

Natural Selection Labs 是 RSS3 项目的背后研发团队，是一种分布式组织形态，类似于开源社区，带有某种黑客行为主义（hacktivism）色彩。该团队的成员都有实际为项目做出技术贡献的记录，并且得到了多个知名投资机构的支持和投资，包括 Sky9 Capital、CoinShares Ventures、Coinbase Ventures、Dragonfly Capital 等。

创始人 Joshua 最初在 2018 年从事与 RSS 相关的工作，后来在 2020 年与 RSSHub 的创建者 DIYgod 取得联系，并得到了 Mask Network 创始人 Suji 的帮助。在这些人的共同努力下，RSS3 项目逐渐成形，并最终完成了种子轮融资。这标志着该项目获得了足够的资金支持，可以进一步推进其发展和落地。

作为一种分布式组织形态，Natural Selection Labs 的成员来自全球各地，他们通过互联网进行协作和沟通，共同推进 RSS3 项目的发展。在这个过程中，团队成员不仅是开发者，还是项目的拥护者和推广者，希望将这个项目推向更广泛的用户和社区。

8.3.1 传统 RSS 模式的范式革新

RSS（Really Simple Syndication）被称为"真正简单的聚合"，是一个简单的开源程序，允许用户主动订阅内容。通过向 Web 内容开发者添加 RSS 提要，用户可以根据个人喜好订阅不同的博客、新闻媒体和其他 Web 内容。RSS 程序可以自动、即时地为用户聚合最新内容，无须对平台进行任何修改。

使用 RSS，用户可以通过 RSS 阅读器或类似的应用程序收集并组织他们感兴趣的内容源。当内容提供者发布新内容时，RSS 提要会自动推送给用户，使他们能够及时获取更新的文章、新闻标题或其他信息。

RSS 是一种基于 XML 的协议，它的主要作用是让用户可以快速、方便地获取所需要的信息。通过 RSS，用户可以将自己感兴趣的网站的更新内容聚合到一起，无须反复访问每个网站。这种方式不仅可以节省用户的时间和精力，还可以让用户更加专注于自己所需要的信息。

与传统的内容发布方式不同，RSS 是基于订阅的方式来获取信息的。用户可以通过 RSS 客户端软件或者网站来订阅自己所需要的信息源，这些信息源可以是博客、新闻网站、社交媒体等。一旦用户订阅了某个信息源，RSS 程序就会自动从这个源获取最新的内容，并且将其聚合到用户的订阅列表中。用户只需要在自己的 RSS 客户端中查看这个列表，就可以浏览所有订阅源的最新内容。

在 Web2.0 时代，RSS 可以理解为一种主动订阅内容的模式，虽然操作烦琐，但能让用户自主掌控想看的内容。然而，去中心化的 RSS 最终败给了中心化内容平台。一方面，中心化平台的竞争压力使得讲求规格一致的 RSS 逐渐无法满足开发者的需求，而且 RSS 本身也存在缺乏商业模式和资本投入不足等问题。另一方面，传统的 RSS 无法提供数据追踪服务，这使得有商业需求的发布者转向中心化网络服务。

为了解决这些问题，RSS3 应运而生。受传统 RSS 启发，RSS3 基于区块链进行身份识别，通过 IPFS 进行去中心化分发。并提供浏览器扩展，让用户在中心化平台（如 Twitter）发布内容时同时同步于 RSS3，以实现"取回自己的数据"。它专为 Web 3.0 中的资产、内容、社交网络和其他类型的提要而设计。

模块化的应用是 RSS3 的一个重要特点。仿造 Web2.0 社交平台常有的个人页面，RSS3 使用者可以用 Web3.0 Pass 自由设定 RNS 域名，在其中编辑个人档案，呈现个人在去中心化网络上的活动，如 NFT 收藏等。这种模块化的设计使得 RSS3 可以轻松地与其他去中心化应用进行集成，为用户提供更加完整和丰富的服务体验。

Revery 是 RSS3 Feed 的阅读器，可以订阅和追踪不同的使用者与地址。用户可以在 Revery 中浏览自己订阅的 RSS3 Feed，并随时获取最新的更新。此外，RSS3 正在与多个去中心化应用如 Mask/Arweave/Mirror 展开密切合作，预计未来会提供相关应用的追踪订阅服务。2022 年 1 月 13 日，RSS3 和 Web2.0 社交产品"即刻"App 达成合作，RSS3 已支持"即刻"App 内容索引，在其生态产品 REVERY 中可查看"即刻"App 的内容。这些合作和应用的开发，进一步拓宽了 RSS3 的应用场景，使得用户可以更加方便地获取和分享信息。

这些都是开源的 DEMO，允许开发者自由 Fork（开发）创造出自己的链上主页或者链上阅读器。目前，包括 Mask Network、Showme、Revery、Cheers Bio、InGroup 和 Flowns 在内的超过 10 个应用正在使用 RSS3 分发的信息。这些应用的使用，进一步扩大了 RSS3 的用户群体和影响力，也为 RSS3 的发展提供了更多的动力和机遇。因此，RSS3 在 Web3.0 时代的前景十分广阔，值得我们持续关注和期待。

RSS3 将通过多个模块化的专案逐步升级，包括 RE: ID、Web3.0 Pass 和 Revery 等模块。第一步是将用户创作的内容从中心化平台映射到 RSS3，摆脱 Web2.0 平台对内容的绝对控制；第二步是聚合信息到一个独立的门户；第三步是构建一个能够相互订阅和关联的去中心化内容网络。

8.3.2　RSS3 社交经济模型

根据 RSS3 白皮书，RSS3 DAO 被设计为管理所有与 RSS3 和其网络相关的事务，其治理代币名为 $RSS3。最新披露的信息显示，$RSS3 代币一共发行了 10 亿枚，全数在创世时立即生成，不会有额外的挖矿机制。除了公募以及空投奖励之外，多数代币会立刻进入 1～5 年的锁仓及缓慢释放期。

关于社区分配占比，其中 64% 的代币将分配给社区。具体来说，5% 将公开发售，LBP 结束后立即解锁；10% 作为早期奖励，其中 2% 将在 LBP 结束后 1 个月空投给现有的 RSS3 生态系统用户，其余的将有 12 个月的线性解锁，作为对活跃用户、生态系统应用程序开发人员和测试网节点运营商的奖励；2% 将分配给合作伙伴项目和组织，将有 12 个月的锁仓，然后是 36 个月的线性解锁；47% 将由 RSS3 DAO 管理，用于未来的发展，包括提供 Uniswap 上的初始流动性资金池。在 48 个月的线性解锁之前，会有 12 个月的锁仓限制。

种子轮投资者占比 4.6%，$RSS3 成本为 0.04 USD，将会有 12 个月的锁仓，然后是 24 个月的线性解锁。另外，私募轮、Natural Selection Labs、团队、顾问分别占比 10%、5%、15% 以及 1%。这些代币也将会有不同的锁仓和线性解锁期限。

8.4 深度洞察：去中心化社交比赚钱社交更有价值

在 Web2.0 赚钱社交中，平台通常会通过商业化运作和广告推广等手段，追求用户的数量和活跃度，而忽略社交资本的积累和社群建设的价值。而 SocialFi 提供了用户完全控制其在线身份和数据的功能。这一特性是通过使用区块链技术和自我主权身份（SSI）实现的。SSI 允许个人拥有和控制其数字身份的框架，使得用户在想要共享信息时仅共享他们想要共享的信息。SocialFi 是由社区提供支持的，用户可以借助 DCC 根据自己的兴趣策划内容，从而保证看到与自己最相关的内容。同时，SocialFi 致力于保护用户隐私，采用了 PPA 技术，这是一种允许在保持用户匿名的同时分析数据的技术。这些特性使得 SocialFi 成为一个有价值的去中心化社交平台，帮助用户积累社交资本和建立有意义的社交关系。

但目前来看，Web3.0 的社交仍然散落在 Web2.0 里，Coinbase 前产品总监 Varun 认为：去中心化社交网络只需要解决扩大网络规模、去中心化的名称注册，以及建立新的社交原语这三个条件后就会在全球范围内被大规模采用。

社交网络是用户之间通过集中式服务器传递的一系列信息。为了减少集中化的影响，一种简单的方法是消除对集中化服务器的需求。用户可以选择任何他们喜欢的服务器来存储他们的信息，并用一个公钥－私钥对来签署每一条信息。公钥作为用户的唯一标识符，而且信息是防篡改的。在去中心化的社交网络中，用户希望他们的信息可以被所有的关注者看到，但这需要一个永远在线的服务器来实现。尽管自我托管看似是一种免费和直接的方式，但在实践中却很难实现。因为要求每个人运行一台服务器来接纳数十亿人是不现实的。管理型主机的公司托管用户的社交数据，就像 Gmail 和 Outlook 托管电子邮件。这些管理型主机可以提供一些用户不可能大规模运行的功能，如内容审核系统，从而提供更好的用户体验。我们应该期待大多数人使用管理型主机而不是运行自己的服务器。尽管反对管理型主机的一个常见论点是，它们可能加剧网络的集中化，但从长远来看，这种行为是不利的，因为它会激励开发者制造新的管理型主机，而用户则转而使用它们。像电子邮件和加密货币这样的协议从第一天开始就使更换供应商变得容易，这反过来又使串通行为变得罕见和短暂。因此，管理型主机可以帮助减少集中化，提供更好的用户体验，并且不会导致网络的长期集中化。

一个用户的关注者需要找到正确的主机来发送和接收信息。为了实现这一点，名字注册表可以将每个用户的唯一公钥映射到一个主机 URL 和一个易记的用户名，如 @alice。一个关注者可以向注册表查询 @alice 的主机，并获得正确的 URL。一个去中心化的注册表可以保护用户免受恶意主机的影响，因为只有用户本人可以更改其 URL。如果一个主机停止为他们的信息提供服务，用户可以修改注册表以指向一个新的主机，而他们的追随者会切换到新的位置。然而，分散化一个名称的注册表是很困难的，因为需要解决权衡。早期的尝试在构建去中心化系统时面临一些困难和权衡。例如，ActivityPub 无法在不影响去中心化的情况下使用一个管理的主机，而 Secure Scuttlebutt 虽然允许去中心化，但不支持独特且易记的名字，这增加了识别用户的困难。另外，Keybase 实现了一个注册表，但以中心化的方式运作。随着智能合约的出现，去中心化的注册表成为可能。用户可以通过与区块链上的智能合约进行交互来实现去中心化的注册表功能。该智能合约确保只有拥有特定用户名的用户才能更改其对应的 URL。如果有两个人同时尝试注册相同的用户名，区块链会提供冲突解决机制。ENS 和 Unstoppable Domains 是在以太坊上实现类似系统的例子，这些系统利用区块链技术来实现去中心化的域名注册和管理。注册表是整个网络中唯一需要在区块链上同步的部分，而其他操作则可以在链外通过使用密钥对进行安全的签名来完成。

用户并不仅仅是想要一个现有社交网络的去中心化版本。他们想要一个能够满足他们社交需求的全新体验，并在此基础上获得去中心化带来的好处。因此，任何新的去中心化社交网络都需要提供一种引人注目的方式来实现社交地位和娱乐，否则它将面临艰难的启动。区块链技术已经为创造获得地位的新方法提供了可能性。作为早期用户、代币持有者或投票者，可以赋予人们地位。去中心化社交网络可以使人们很容易产生这种活动的证明，并为代币门槛社区、NFT 持有者的徽章验证以及代币持有者的匿名投票等功能提供支持。此外，成功的社交网络通常都是围绕着新的通信原语建立的。因此，去中心化的社交网络应该探索这种方式来吸引用户，提供一个尚不存在的产品体验，而不是克隆一个现有的网络。最好的链上系统也是高度可组合的，因此为 ERC-721 等标准设计的社交功能将自动适用于添加到网络中的每一个新代币。因此，去中心化社交网络的想法空间很大、很奇特，也会很有趣，可能会有很多社交原语等待被发现。

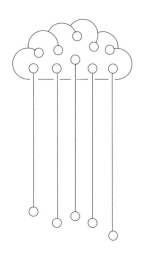

第 9 章
当 Web3.0 遇见 AI

1955年，约翰·麦卡锡等发表了一篇名为《有关人工智能的建议》的研究文章，在文章中，麦卡锡等提出了一个旨在探索如何让计算机模拟人类智能的夏季研究计划。他们认为，通过开发一种能够模拟人类智能的计算机程序，可以解决很多实际的问题，如自然语言翻译、图像识别等。

"我们的目标是'真正的'智能，而非'人工的'智能，但是我必须得给它起个名字，所以我称它为'人工智能'。

我们认为，只要精心挑选一组科学家共同针对这其中的一个或多个课题研究一整个夏天，就能够取得重大进展。"

从这篇文章开始，"人工智能"（Artificial Intelligence）的概念被首次提出，人工智能的研究方向被正式确认。

2022年11月，当ChatGPT正式在大众视野中脱颖而出，连带着Midjourney一类的AIGC生产工具的亮相，新一轮的生产力革命正式开启。当生产力科技革命与象征着生产关系优化的Web3.0相互融合，又会发生何种有趣的碰撞？

9.1 重新认识AI：用计算机技术打破生产力制约

如果我们想知道AI的定义，无论是在谷歌还是在百度阅读各类教科书，抑或是问一下GPT或者BingChat，都能很轻松地得到无数个正确且大差不差的答案。

AI（Artificial Intelligence）是指通过计算机程序和算法模拟人类智能的技术与应用。AI 可以让计算机系统具备像人类一样的感知、认知、推理、学习、判断和决策能力，从而实现自主决策和智能行为。

但如果我们想深刻理解什么是 AI，这个问题的答案就开始变得复杂而有趣起来。

人类的发展历史，本身就是一个对"工具"的理解和探索的过程。在手工生产时代，生产者需要通过手工操作完成产品的制作，效率低下，工作量大。而到了工业革命时期，机械化生产方式的出现大大提高了生产效率，降低了成本，也极大地改善了劳动条件，推动了生产力的飞速发展。

如果说要总结人类生产方式的演变过程，那便是用工具逐渐取代人类本身所需亲自参与的生产实践的过程。新石器时代工具出现之前，人类的生产仅能依靠自己的双手双脚；工具出现之后，人类的双手开始得到解放，直至工业革命时期，机械化工具已经能取代大规模的人工劳动，这标志着人类的体力劳动可完全由"工具"所替代。

而当电子技术开始普及，尤其是计算机技术的出现，工具所能协助人类劳动的使用范围逐渐从有形的体力劳动转向虚拟的脑力或信息劳动，是对人类信息创作或者传播的又一次迭代。在这种生产方式下，机器人、自动化设备开始扮演越来越重要的角色，实现了生产的全过程半自动化和高效化。这种生产方式的出现，不仅大幅提高了生产效率和品质，还为人类社会创造了更多的财富和就业机会。

但是直到人工智能出现之前，所有的工具所服务的主体都还停留在"人工"层面。或者说，所有在生产方式上的发明创造，在本质上只是为了让工具更加高效好用而已，其底层逻辑仍然保留于【人＋工具＝资源创造】，如图 9-1 所示。

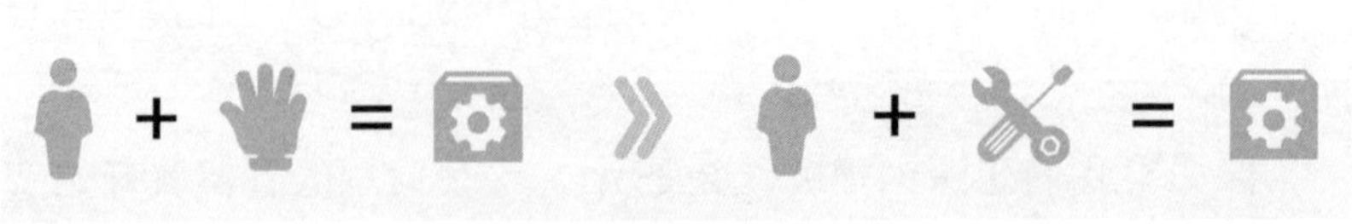

图 9-1　人＋工具＝资源创造

在 20 世纪 30 年代就勾勒出了第一个可编程计算机框架的英国数学家艾伦·图灵，于 1950 年发表的论文《计算机器与智能》（*Computing Machinery and Intelligence*）中提出了这样一个问题：

"当我们问'机器能思考吗？'，我们到底是要表达什么意思？"

工具是由使用者来进行定义的，工具的价值也取决于使用者。正如一把锤子，其价值的体现在于能敲打任何物体，能给人类的劳动带来价值，否则它只是一个铁块加木棍的结合体而已。但人工智能的出现则和以往的工具完全不同——它具有智能性，或者说一定程度上具有智能性。鉴于这种特性，人工智能与以往的工具完全分隔了起来，因为一旦它的智能性到达某一程度，它将可以自行定义自身与其他工具的使用价值而不需要人类的参与。这意味着从这一刻开始，工具的服务主体，将不再局限于"人工"，"人工生产"的范式逐渐向"人工智能生产"的范式所转移，底层逻辑开始转变为【（人 × 人工智能）＋工具＝资源创造】，如图 9-2 所示。

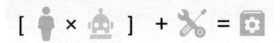

图 9-2　（人 × 人工智能）＋工具＝资源创造

以任意一个完整的资源生产流程为例，常规而言，无论是产品加工还是信息传播，大体都要经历以下几个步骤（如图 9-3 所示）。

（1）资源生产需求提取：明确自身的资源需求，或者说"知道自己缺少或需要什么类型的东西"。

（2）生产资料要素收集：为了进行资源生产所进行的准备性活动，如获取相关信息、打通渠道、购买相关原材料等。

（3）资源的流程化与创意化加工：指用已有资源加工生产为所需资源的流程，如将金属进行冶炼或者文字信息的粘贴复制便属于流程化加工，基本不需要脑力思考；而金属建筑设计或文学创作则属于资源创意化加工，需要较大程度发挥人的主观能动性。

（4）资源分发与二次利用：指对所生产的资源或者内容进行使用、传播等，并对有价值的部分进行二次回收。

（5）互动反馈优化与调整：指在完成首次生产加工流程后，我们可根据首次效果对不同节点进行二次优化以进一步提高后续的生产效率。

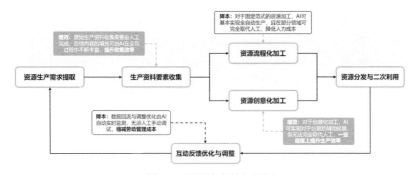

图 9-3　资源生产的全流程

AI 技术在实际应用的过程中，主要从降本和增效两个维度进行赋能。

（1）降本：利用 AI 的智能化生产完全取代或部分取代人工，大幅度缩减了人力成本与时间成本。

- 流程化加工降本：对于固定范式的资源加工，AI 可基本实现全自动生产，且在部分领域可完全取代人工，降低人力生产成本。
- 优化反馈降本：整体的效果回流与调整优化可由 AI 自动实时监测，无须人工手动监测与调试，降低劳动管理成本。

（2）增效：AI 技术可实现多线程进行内容生产（分身），多项内容生产工作可同时进行，且 AI 信息收集能力远高于人类，大幅度提高了生产效率。

- 要素收集增效：原始生产资料的收集需要由人工完成，后续内容的填充可由 AI 在交互过程中不断丰富，提升收集效率。
- 创意化加工增效：对于创意化加工，AI 可实现对于创意流程的辅助性延展，但目前还无法完全取代人工，一定程度上提升生产效率。

基于上述 AI 赋能的底层逻辑，我们便能更好地理解为何在人工智能技术突飞猛进的近十年间，"阿尔法狗击败李世石"与"OpenAI 公布 ChatGPT"会在人工智能领域成为传播最广的新闻。

阿尔法狗击败李世石意味着人工智能已经在某一特定领域的智力完全超越了人类，让工具具备真正的"顶级智能"，至少是在下围棋方面的智能已经基本满足。

而 ChatGPT 与一众 AIGC 工具的发布，则强有力地说明了 AI 已经初步具备了不输普通大众的内容创造性，这不仅能让机器与 AI 去覆盖更多的流程化加工过程，更表明资源的创意化加工将不再仅仅是人类的专属。

【（人 × 人工智能）+ 工具 = 资源创造】的价值创造等式正一点点被验证。

9.2 AI 赋能 Web3.0——如何在 Web3.0 中打造 AI 智能层

Web3.0 去中心化生产关系对于社会发展的意义主要体现在两个维度：其一是公平性优化，其二是灵活性优化。

在中心化的模式中，为了保障整个组织制度的正常运转，组织成员大多采用一种"利维坦"式的管理模式——每名成员舍弃一小部分权益进行汇总，成为一个寡头来对组织进行统一管理，该模式虽然有效，但却会对于组织发展的灵活性与公平性造成较大的限制。

而在 Web3.0 中，我们无须再如以往一般重新创造出一个利维坦，可以选择使用加密技术与区块链技术等相关工具来代替利维坦发挥治理职责。而当前的问题在于，在去中心化实验的初期，这种依靠共识和技术来进行支撑的管理模式，无论是在效率还是公平性方面，都还难以实现千百年来人们所探索出的"利维坦"中心化模式的管理效果。

所幸，AI 的出现，有效地缩短了 Web3.0 的探索过程。

AI 技术是 Web3.0 时代的重要推动力，它可以在多个维度上改变区块链网络的生产、分配和消费方式，从而为用户和开发者带来更多的价值和权利。

（1）生产资料所有制的分散和民主化。

AI 技术可以通过提高区块链网络的效率、安全性和可扩展性，降低参与者的成本和门槛，实现数据、算力、存储等生产资料的共享和协作，促进区块链网络的去中介化、自治化和民主化，使得更多的用户和开发者能够以平等、自主、透明的方式参与区块链网络的生产、分配和消费，获取相应的奖励和权益，而不是被少数拥有大量数据、算力、存储等资源的中心化机构所垄断和剥削。

（2）生产过程的效率和质量提升。

AI 技术可以通过提供智能化的工具、平台和服务，帮助 Web3.0 的用户和开发者解决区块链项目中的各种技术难题与业务需求，提升他们在生产中的能力和效率，促进他们之间的沟通和协作，激发他们的创造力和创新力，从而改善他们在生产中的地位和相互关系，使他们能够共同构建一个更加活跃并多元的区块链社区和生态系统。

（3）生产产品的公平和透明分配。

AI 技术可以通过提供智能化的分析、预测、优化和调节等功能，帮助 Web3.0 用户和开发者在区块链网络上更好地理解、评估、选择和参与各种产品和服务，实现价值和资源的有效流动与分配，保障每个参与者的权益和利益，防止出现不公平、不透明、不自主的情况，维护区块链网络的健康和稳定。

AI 加速 Web3.0 的生产关系变革，落地到应用层面，仍然可以从"降本"和"增效"两个方面进行推演：其一是"让 AI 取代人的更多职能"；其二是"让机械的变为更加智能的"。

一方面，从降本的角度考虑，AI 对于 Web3.0 的价值，在于让 AI 在一定程度上替代人工，从而降低人工成本的支出。或者更直接一点：让代码程序取代更多人的职能。具体而言可分为以下两个核心方向。

- 让 AI 代替人工进行代码开发（上链、代币经济学、图片生成等）。
- 让 AI 代替人工进行分析（市场分析、经济体系优化等）。

另一方面，从增效的角度考虑，AI 对于 Web3.0 的价值则体现为"让机械的变为更加智能的"，如果从这个角度考虑，则可以细分为以下两个核心方向。

- 让节点变得更加智能（AI智能合约、DAO社区治理、Tokenomics经济润滑等）。
- 让开发变得更加智能（代码开发、代码审计等）。

基于上述四个方向，我们将选取四个不同类型应用案例，为大家详细展示一下AI是如何为Web3.0实现降本增效的。

9.2.1 让节点变得更智能：Fetch.AI——基于Cosmos的智能开放式基础架构

Fetch.AI是一个开源软件项目，旨在构建用于开发现代、去中心化和点对点（P2P）应用程序的基础设施。Fetch.AI利用人工智能和自动化技术，提供了各种工具和框架，可以创建和连接智能代理（Agents），执行数字经济中的复杂任务。智能代理是一种自主的软件代码，可以代表人类、组织或机器行动。Fetch.AI的网络是一个跨链协议，基于Cosmos-SDK，可以在链上实现高级的加密学和机器学习逻辑。Fetch.AI还有自己的加密货币，叫作FET，目前的流通量为7.46亿枚，最大供应量为11.53亿枚。

如果要讨论Web3.0对于人工智能等底层框架的应用实践，Fetch.AI或许是一个不错的参考标的。

1. Fetch.AI 应用简介

作为一家将区块链与人工智能技术深度结合的科技公司，Fetch.AI旨在构建一个去中心化的智能经济体，通过将人工智能、区块链和物联网技术相结合来实现。该公司的目标是为企业和消费者提供一种全新的方式来进行经济交互，实现更高效、更安全和更智能的交易。

得益于"AI+区块链"的高度智能性与开放性架构，Fetch.AI 的应用场景非常广泛，包括物流、供应链、金融、能源、医疗等多个领域。Fetch.AI 的技术架构主要包括两个部分：Fetch.AI 主链和 Fetch.AI 智能代理。Fetch.AI 主链是一个基于区块链技术的分布式账本，用于记录交易和智能合约，并确保交易的安全性和可靠性。Fetch.AI 智能代理是一种具有人工智能能力的智能合约，能够自主地执行任务、协调资源和与其他智能代理进行交互，从而实现自动化、智能化和去中心化的经济交互。

关于主链部分本报告不进行过多陈述，我们将重点对自治代理架构（AEA）与群体学习（Colearn）机制进行拆解，以此来展示 AI 是如何参与区块链系统的运行与数据应用过程的。

2. 让网络节点自行管理：自治经济代理架构

在 Fetch.ai 网络上，拥有数据的个人或公司由其代理代表，与寻求数据的个人或公司的代理联系。代理商在开放经济框架（OEF）上运作，充当搜索和发现机制，表示数据源的代理可以在其中通告他们有权访问的数据。同样，寻找数据的个人或公司可以使用 OEF 搜索有权访问相关数据的代理。

Fetch.AI 的 AEA 架构是一种分布式的智能代理架构，用于构建自主协作的智能代理网络。AEA 代表 Autonomous Economic Agent（自治经济代理），其核心思想是将人工智能和区块链技术相结合，构建一个去中心化的智能经济体，实现智能化、自主化和去中心化的经济交互。

AEA 架构的核心组件主要包括以下四个模块。

（1）AEA 代理（Agent）。

AEA 代理是一个自主的、可编程的智能代理，具有自主决策、自主协作和自主学习的能力，是 AEA 的核心组件，代表了一个独立的实体，具有自主决策和行动的能力。每个 AEA 代理都有自己的钱包地址、身份标识和智能合约，可以与其他代理进行交互和合作。

（2）AEA 通信（Connection）。

AEA 通信是一种基于区块链技术的点对点通信协议，用于实现代理之间的信息传输和交互。AEA 通信可以确保交互的安全性和可靠性。Fetch.AI 的 AEA 支持多种连接方式，包括 WebSocket 和 HTTP。

（3）AEA 技能（Skill）。

AEA 技能是一种可插拔的模块，用于扩展 AEA 代理的功能和能力。每个技能包括一个智能合约和一个 Python 包，用于实现代理的特定功能，例如自然语言处理、机器学习、决策制定等。技能可以包含多个协议和模型，以便代理能够理解和响应来自其他代理的请求。

（4）AEA 协议（Protocol）。

AEA 协议是一种协作机制，用于实现代理之间的协作和交互。AEA 协议定义了代理之间的消息格式、协议流程和交互规则，从而实现代理之间的协同工作。协议是代理之间通信的规则和指南。协议定义了代理应该如何交换信息、响应请求和处理错误。Fetch.AI 的 AEA 支持多种协议，包括 Fetch.AI 自己的 Agent Communication Language（ACL，代理通信语言）和 HTTP。

想象一下，一家公司正在寻找数据来训练预测模型。当公司的代理连接到代表数据源的代理时，将要求它提供有关贸易条款的信息。然后，代表数据提供者工作的代理将提供其愿意出售数据的条款。出售数据访问权限的代理可能会寻求尽可能高的价格，而购买数据访问权限的代理希望支付尽可能低的价格。但是，出售数据的代理商知道，如果它收取过高的价格，它将错过交易。这是因为寻求数据的代理不会接受这些条款，而是会尝试从网络上的另一个来源购买数据。如果采购代理确实认为条款可以接受，那么它将通过 Fetch.AI 分类账上的交易向销售代理支付商定的价格。收到付款后，出售数据的代理将通过 Fetch.AI 网络发送加密数据。图 9-4 所示为 Fetch.AI 的协议内容。

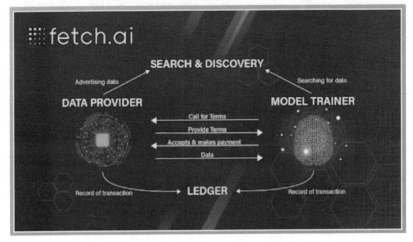

图 9-4　Fetch.AI 的协议内容

除了初始设置外，整个过程完全自动化，并由 Fetch.AI 代理执行。这意味着公司员工能够在不中断的情况下工作，而预测模型可以积累相关的匿名数据。通过获取数据，购买信息的公司能够更有效地训练其模型，然后使用该模型进行更准确的预测，这样的预测适用于任何行业。

3. 让节点拥有智力的核心：AEA 技能模块与群体学习（Colearn）机制

在以上四个模块中，最为重要的就是 AEA 技能模块，这是让节点拥有智能的关键模块。AEA 技能是一种可插拔的模块，用于实现代理群体的自主学习功能。每个学习技能都包括一个智能合约和一个 Python 包，用于实现不同类型的学习任务，例如强化学习、监督学习、无监督学习等。当一个代理需要学习时，它可以选择适合自己的学习技能，并将学习结果保存在自己的状态中。代理可以根据学习结果自主调整行为和策略，从而实现更智能、更高效和更可持续的经济交互。

Fetch.AI 的集体学习原理包括以下步骤。

（1）数据共享。

不同的代理收集自己的数据，并将其上传到区块链网络的共享数据库中。这些数据可以是传感器数据、文本数据、图像数据等。所有参与集体学习的代理都可以访问共享数据库中的数据，并使用这些数据进行训练。

（2）模型训练。

代理使用共享数据库中的数据进行模型训练。模型可以是机器学习模型、深度学习模型或其他类型的算法。代理可以使用不同的模型进行训练，以便学习不同的任务或问题。

（3）模型选择。

在模型训练完成后，代理将其模型上传到区块链网络中。所有参与集体学习的代理都可以访问这些模型，并根据自己的需求选择适合自己的模型。选择的过程可以基于代理的性能、任务需求、资源限制等因素进行。

（4）模型集成。

选定模型后，代理可以将其与自己的技能集成，以便更好地完成自己的任务。技能可以是处理特定类型任务的模块，例如加密货币交易、物流管理等。代理可以使用多个技能和模型进行任务处理。

(5) 奖励机制。

在集体学习的过程中,代理可以通过贡献自己的数据和模型获得奖励。奖励可以基于代理的性能、贡献度、资源利用效率等因素进行分配。奖励机制可以鼓励代理积极参与集体学习,并提高整个系统的性能。

假设有两个代理 A 和 B,它们需要进行合作来完成一个任务,例如运输货物。代理 A 负责提供货物,代理 B 负责提供运输服务。在最初的交互中,代理 A 和代理 B 都可以采用随机的行为策略来完成任务,例如随机选择运输路线或运输方式。

随着交互的进行,代理 A 和代理 B 可以通过学习技能来学习交互历史数据,并根据学习结果自主调整行为策略。例如,代理 A 可以通过学习技能来学习货物的供应量和运输成本等信息,从而根据当前的货物需求和市场价格,自主选择最优的合作策略。代理 B 也可以通过学习技能来学习运输路线和运输方式的效率以及成本等信息,从而根据当前的交通状况和能源价格,自主选择最优的运输策略。

随着交互的不断进行和学习结果的不断更新,代理 A 和代理 B 可以逐渐优化自己的行为策略,从而实现更高效、更智能和更可持续的经济交互。这种自主学习过程可以不断迭代和优化,从而实现更好的经济效益和社会价值。

需要注意的是,自主学习功能需要代理具备足够的计算能力和数据资源,才能实现良好的学习效果。因此,在实际应用中,需要根据代理的实际情况和需求,选择合适的学习技能和资源配置,从而实现最佳的学习效果。

Fetch.AI 的核心自治经济代理(AEA)在经济交互方面实现了智能化、自主化和去中心化的目标。其优点在于对人工智能和区块链技术的深度整合，以及实现了自主经济代理的设计，这些 AEA 代理能够自主学习、决策并在去中心化的环境中自由交互，提升了经济交互的效率和智能化程度。此外，Fetch.AI 的群体学习（Colearn）机制鼓励代理积极参与，通过共享数据和模型来提高整个系统的性能。

然而，Fetch.AI 也存在一些挑战。首先，其自主学习功能对计算能力和数据资源的需求较高，这限制了其在资源受限的环境中的应用。其次，Fetch.AI 的技术架构和功能相对复杂，需要更高的技术门槛和学习成本，这可能对其广泛应用产生影响。

展望未来，Fetch.AI 的前景仍然广阔。随着技术的不断发展，它可能会引入更多的 AI 和区块链技术来提升性能与效率，满足更多的应用场景和需求。同时，随着隐私保护和数据安全日益受到重视，Fetch.AI 的去中心化和安全特性可能会得到更多的关注和应用。尽管存在一些挑战，但 Fetch.AI 在 AI 和区块链领域的创新与潜力仍然值得我们关注和探索。

9.2.2 当 AI 遇见 GameFi: Shockwaves——用 AI 驱动虚拟世界的 Tokenomics

AI 赋能游戏行业一直是一个十分性感的发展方向，毕竟当线性的游戏叙事变为随机时，游戏整体的可玩性与趣味性将上升不止一个维度。而在 GameFi 赛道，AI 的应用除了增强游戏的可玩性之外，对于游戏世界 Tokenomics 的润滑也是其不可忽视的一大创新。

1. Shockwaves 应用简介

Shockwaves 是一款基于 BNB 链构建的在线 Web3.0 游戏，设置在算法生成的城市中,并提供导入音乐的 FPS 游戏玩法。玩家可以使用销售虚拟土地和武器获得的 $Neuros 代币在游戏经济中赚取收益和消费,而游戏装备也会以 NFT 的形式存在与流转。音乐还会影响游戏的环境,并直接影响玩家的武器,这些武器对音乐的节奏和节拍有不同的反应。这是通过使用"深度学习"提取重要的音乐特征来创建的,这些特征被转换为游戏内的事件和视觉效果。

值得一提的是,Shockwaves 在游戏中设置了 2222 名 AI 玩家,他们拥有独特的技能、背景和个性。这些玩家可以由其所有者控制或在游戏中独立操作。玩家还可以使用 AI 来填充他们的土地,他们的能力可以通过机器学习进行游戏而发展。更为关键的是,这些 AI 将会作为游戏 Tokenomics 中的一个角色,对经济体系进行优化以保证游戏的正常运转。

2. 让道具与地图充满随机性:由 AI 生成的 NFT 地图与道具系统

Shockwaves 的地图是结合 AI 算法生成的,例如每张地图都可以作为 NFT 被玩家拥有和交易,所有者从地图中获得一定比例的代币。土地所有者还可以通过添加广告和选择要在地图上播放的自播放列表来自定义他们的土地。此外,如果土地所有者将人工智能接入,人工智能将根据地图的元数据进行学习并改进土地的属性。

在每场比赛结束时,玩家可以对他们玩过的地图进行评分,这将影响未来的游戏选择哪些地图。评级系统鼓励土地所有者仔细选择他们的音乐播放列表和广告,为玩家创造积极的体验。它还激励土地 NFT 的交易,因为一些地图将比其他地图更有价值。

除了地图之外,游戏的道具与武器系统也是由 AI 驱动的一次创新型实验。按照官方设定,音乐会影响游戏的环境,并直接影响玩家的武器,这些武器对音乐的节奏和节拍有不同的反应,而从游戏音乐到游戏道具都是通过使用"深度学习"提取重要的音乐特征来创建的,这些特征被转换为游戏内事件和视觉效果。Shockwaves 的游戏道具如图 9-5 所示。

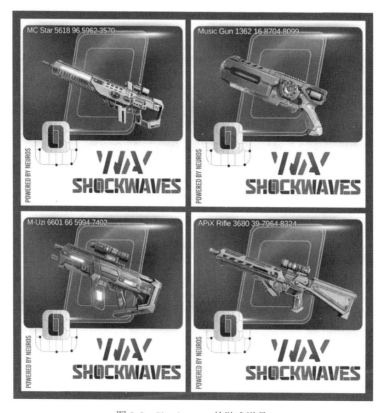

图 9-5　Shockwaves 的游戏道具

3. 让 NPC 拥有智能:AI NFT 游戏机制

人工智能驱动的 NFT 是 Shockwaves 创新的核心。这些 ERC-721 智能化代币具有独特的外观、技能和个性。

AI NFT 可以由其所有者直接控制,也可以作为游戏中的机器人自主运行。每个 AI 代理都有自己的个性、国籍和名字,就像人类玩家一样。他们可以根据以前的聊天消息以及游戏上下文与游中的人员进行交互。AI 代理个性数据分为两部分；一部分是固定的基本个性；另一部分是不断发展的个性，后者会根据以前所预留的数据与玩家之间的互动而随之学习与变化。Shockwaves 的 AI NFT 机制如图 9-6 所示。

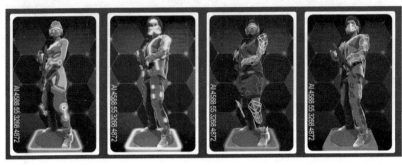

图 9-6　Shockwaves 的 AI NFT 机制

当他们在游戏中运营并参与对战时，这些 AI 会把一定比例的收入交给他们的主人。在玩游戏时，AI 将不断发展并提高其玩游戏的能力，因此它们的价值将发生变化。并非所有人工智能的收入都会归其所有者所有，其中一部分将被人工智能保留并花费，用于购买只他们自己能使用的武器和装备。

更为关键的是，AI 与 AI 之间也会相互学习与对战，并会在此过程中产生新的道具 NFT，而不同的 AI 玩家还会根据自身倾向对 NFT 道具进行销售或者购买，这对于 GameFi 经济系统而言将是一次重大的创新。

玩家还可以使用 AI 来填充他们的土地，他们的能力可以通过机器学习进行游戏而发展。此外，玩家可以选择出售或出租他们最熟练的 AI，甚至将它们送到锦标赛中赚取部分收入。随着 AI 和玩家之间的这种高度互动，人类玩家之间的差异变得模糊，游戏体验对本地玩家群的依赖程度降低，这有助于创造优质的游戏体验。

9.3 对于 AI 而言，我们为什么需要去中心化的人工智能

如果要回答我们为何需要去中心化的人工智能，从**"数据主权保护"**与**"AI 算法协作"**两个角度去解答或许更为合适。

自从互联网时代来临，我们对于个人的数据主权的保护意识始终处于一种缺失的状态，毕竟在最为原始的 Web1.0 时代，我们在网络所留下的数据信息与数据价值都极为有限。但随着 Web2.0 移动互联网时代开启，我们在各个网络平台中所留下的价值信息越来越多，我们甚至对此全然不知，而在 Web2.0 时代所崛起的公司，剖析其底层也正是通过对用户数据的剥削来获得收益。

此刻，AI 时代已经正式来临，而我们自身的用户数据价值，也将会提升至一个前所未有的高度。

对于 AI 项目方而言，AI 与 AI 之间的竞争壁垒，除了模型和算法设计的差异性之外，更多在于项目方自身所积累的数据库体量——数据库体量越大，则 AI 模型训练速度越快，AI 会变得更为智能。然而随着 AI 算法底层架构的方向性逐渐清晰，要想在模型算法层面构建长期有效的壁垒，对于绝大部分项目方而言都是不现实，这也意味着训练数据在 AI 竞争中将成为至关重要的一个核心因素。

而对于个人用户而言，数据主权保护意识的提升必将在 AI 的普及与矛盾中所强化：当我们的艺术创作未经允许被 AI 引用或二创，我们要怎样保护我们的权益？当我们需要为自己所训练出的 AI 模型付费，我们要怎么进行有效的隐私保护？

正因如此，我们需要 Web3.0 的种种技术来维护我们的数据主权。

与此同时，去中心化人工智能的意义远不止于此。当 AI 与 AI

之间的数据权益得到有效保护，各类数据的归属问题得到有效解决，这不仅会让我们更好地使用 AI，更昭示着"AI 算法协作"的可能性，即所有 AI 共用一个数据库，而这对于 AI 的迭代与进化来说具有划时代意义。

正因如此，我们需要去中心化的人工智能技术。

9.3.1　用区块链保护 AI 数据权益：HyperCycle——面向 AI 算法数据的创新型区块链架构

蜂群 AI 是指一个集体智能系统，系统中每个 AI 模型之间会相互协同工作，以解决复杂问题。而 HyperCycle 是一个利用区块链技术来实现 AI 机器之间的安全高效交易的网络平台，它可以让不同的 AI 算法模型相互协作，形成一个全球性的智能大脑。借助 HyperCycle，原本相互独立且功能单一的 AI 算法模型可以相互配合，在内部执行复杂的智能算法流程，从而达到质变的效果。

量变引起质变在 AI 算法模型中已经得到了验证，从 GPT-1 到 GPT-4 的跃迁过程中，真正迭代的是参数量的变化，从而让 GPT-4 产生了让研究人员难以解释的智能。如果我们的野心再大一些，让 GPT、BingChat、midjourney 甚至文心一言等的大小模型聚集在一起，毫不夸张地说，AI 智能将会在短时间内上升到一个全新的高度。

这种野心勃勃的设想被称为群体 AI，系统中每个 AI 模型之间会相互协同工作，以解决复杂问题。通俗而言，我们可以通俗理解为个人的单打独斗和团队的整体配合——单打独斗中的个人需要负责全部，而团队配合中的个人只需要负责部分。理想很丰满，但现实很骨感，想要让这些科技公司化干戈为玉帛，为人类发展共同做出贡献，自愿分享出自己的核心算法和数据库，这无异于是痴人说梦。

但如果，我们利用区块链技术来打破这个猜疑链呢？

1. HyperCycle 应用简介

想要通过组织或者其他第三方机构的协助来统筹这批 AI 科技巨头进行 AI 技术协同必然是不现实的，我们需要一个真正意义上公平公正的规则"监督者"来维护这个游戏秩序，HyperCycle 就是这样的一个角色。

早在 1995 年，HyperCycle 的核心创始人 Ben Goertzel，作为 SingularityAI 的首席 AI 科学家，便有设想借助全球互联网的发展红利，为全球人工智能网络搭建一个去中心化的基础平台架构。然而，由于网络硬件等客观条件的限制，以安全的去中心化方式进行工作的开销非常高，因此这个设想一直只是设想而已。

而当时间快进到 2015 年，以太坊提出了智能合约概念，尽管严格意义上来说，智能合约既不是智能也不算是合约，但这种通过提前在网络节点中持续性设置验证脚本，通过去中心化的方式来验证与维护整体网络安全的思路，让创始人第一次看见了一种新的思路来验证这个 AI 创新实验——让节点变得智能。

如果用具象化的形式去描述 HyperCycle，可以理解为它是一个能让 AI 算法与数据进行上链的区块链架构，它通过去中心化的组织设计与更加高效的数据传输与安全技术，让不同项目的 AI 算法之间既可以实现 AI 算力共享，又能保证每个 AI 算法都能得到算法运算过后该有的"奖励"。

从技术角度解释 HyperCycle，可以将其描述为一个全新的区块链架构，由 TODA/IP 和 TODA 框架、共识与声誉机制、系统监管、智能合约、MeTTa 等共同组装而成。HyperCycle 能够处理高速、大规模的链上代理与互动，例如基于人群数据量训练的人工智能算法的链上部署以及以代币经济学为驱动的互动媒体等。

借助 HyperCycle，原本相互独立且功能单一的 AI 算法模型可以相互配合，在内部执行复杂的智能算法流程，从而达到质变的效果。

2. 让区块链的传输效率适用于 AI：TODA/IP 无账本区块链

为了让区块链技术适用于 AI，最核心的难题在于时间成本和数据运输成本。在传统的区块链系统中，每当产生一笔交易，所有节点都会接收全部的交易数据、哈希参考值和区块头，这种复制式账本记录模式导致系统的记录效率和成本线性增加。

在过去的模式迭代中，有项目提出了分片管理的解决思路，将区块节点划分为不同的片段，每个片段只记录自己所负责的交易记录。这种分片模式在一定程度上解决了效率问题，但也增加了系统复杂性，进一步提高了系统运营成本。

TODA/IP 是一个基于密码学原理的安全高效的点对点网络协议，它可以让每个网络数据包有一个唯一的全局标识符，同时属于一个可以确保该数据包属于一个单一签名公钥的数据结构。

TODA/IP 在某种程度上与分片管理的底层原理很类似，但它是通过更彻底的去中心化的方法来保持系统的轻量运营和低开销——每个本地数据块负责管理自己的历史信息。

TODA/IP 的核心结构是让个人记录与他们自己的本地化账本联系起来，这使得这些记录在某种意义上成为半自主的代理，在交易或者数据传输时，节点个体只需和自己账本相关的、特别是涉及争议的交易进行互动。

给定一个由钱包 A 所拥有的记录 R，该记录可以通过生成一个交易请求发送给钱包 B，该请求先由钱包 A 签署，再由 B 签署，最后由一组验证者分发和签署。TODA/IP 的一个周期包括一轮交易请求和随后的验证。

在这样的交易过程中，交易验证器代替了传统模式账本，为整个交易提供以下四个重要的功能：

- 确定交易的有效性（结构合理性和证明正确性）。
- 防止在这个周期内两次发送同一数据包。
- 帮助建立交易的共识证明。
- 为钱包 A 和钱包 B 提供匹配的证明。

为了配合 TODA 的数据架构，节点与节点之间所传输的文件格式也进行了相应的迭代。"TODA 文件"本质上是一个数字数据文件，作为元数据依附在每个文件的账本上。一个文件的内部数据和它的分类账之间的结合允许一个文件表现得像一个"唯一的数字对象"（一种 NFT，可以理解为一堆钥匙共同开一把锁，或者开锁的一部分）。

当交易发生时，涉及的每笔交易都会导致相应的记录附加到该文件的相关分类账中。这些交易记录还包含其他信息，例如参与交易的其他各方的地址。

借助 TODA/IP 机制，原本冗杂的账务数据传输过程被优化，区块链的传输效率得以与 AI 算法相匹配。

3. 效率与公平的二次润滑：POR（声誉证明机制）

仅仅只有效率是无法支撑整个蜂群 AI 运转的，公平性也是区块链架构至关重要的一个部分。在 HyperCycle 中，系统引入了相比于 Pos 与 Pow 机制更适合于 AI 算法系统的动态共识机制——声誉证明机制（POR，Proof of Reputation），如图 9-7 所示。

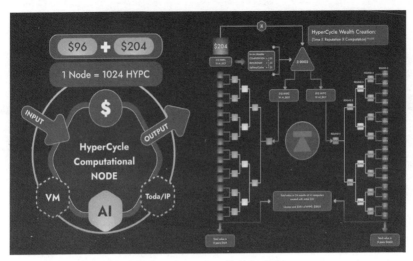

图 9-7 HyperCycle 的 POR 机制

在最早期的区块链系统中,采用的是 PoW(工作量证明)机制,每个节点必须通过计算工作来证明其参与度,以获得相应的权益。然而,PoW 机制消耗大量能源,因此出现了更轻量的 PoS 机制:网络节点可以通过拥有代币来获得确认交易的权利,而无须进行计算工作。

尽管 PoS 规避了 PoW 的能源浪费问题,但仍延续了 PoW 中的"富者更富,穷者更穷"的马太效应,即共识只能由拥有大量数据处理能力或代币的节点提供。对于想要真正共赢的节点或愿意为整个蜂群 AI 提供算力的中小模型而言,这种赢家通吃的局面显然是不利的。正因如此,声誉证明机制(PoR)应运而生。

TODA 拥有自己的共识机制,这些机制也非常出色。在许多应用场景中,通过在其上引入声誉证明的动态,可以提高效率并简化事务处理。

PoR 的核心思想是将基于流动性加权等级的声誉评分作为区块链网络的共识机制。PoR 框架使用的网络节点的声誉量随着时间和互动而确定。

单个节点的声誉值是通过混合在一起的规范化评级与整体节点的声誉值来综合计算,且会随着时间动态改变。这不是简单的由其他节点直接给出的评级值。而单个节点的行为也会通过系统对应的量化公式来影响它的整体声誉值。

在此基础上,PoR 机制将会根据声誉值来确定一组负责维护热度共享状态的共识节点,并且随着时间推移,节点与节点之间的声誉值会随着互动而不断更新。在每一轮 PoR 共识机制开始时,社区需要选择共识组成员并邀请进入对应的共识组,而共识组的成员将从具有最高声誉值的节点中选择。

> 例如,集体声誉得分超过网络总声誉值的 50% 时,会从小组中选出一个领导者,他的功能是:
> - 将待处理交易列表中的所有有效交易打包到一个区块中;
> - 利用交易清单中交易数据来计算所有网络节点所生成的新的声誉值;
> - 向共识组广播并提交信息。

PoR 机制在 AI 创新生态中的最大价值在于:不论参与者使用的是大型模型还是小型模型,只要其算法对整个集群足够有效,就可以获得较高的声誉评分和回报。这将极大地吸引各类中小型 AI 模型项目方积极参与,同时也更充分地发挥了蜂群 AI 的优势。

4. 画龙点睛的 AI 应用机制创新:轻量级"环"

在 HyperCycle 的整体架构中,设计最巧妙的莫过于轻量级的

"环"机制。

按照 HyperCycle 白皮书的定义，TODA/IP 网络中的节点可以被认定为"环"，每一个"环"都是一组特定的记录，并且是分层连接的。而一个 TODA/IP 系统可以持有一个环的集合，可以称为"环集"。而一个最小节点就是所谓的"轻量级环"。

轻量级环最为巧妙的一部分在于——它既可以与其他环相配合形成环集去满足超大型的算力或者数据交易，而它自己本身却也能成为一个独立的生态系统。如果有一天 GPT 加入了这个蜂群 AI，借助"轻量级环"的节点机制，它既可以作为一个全球顶尖的 AI 语言生成聊天系统独立存在，也可以把自己与集群相融合，成为某个 AI 虚拟人中语言内容生成的其中一个板块。

5. 让合约真正拥有智能：MeTTa 合约语言

一个全新的 AI 区块链架构现在只差最后一步，即如何将各种 AI 算法模型迁移到链上。答案是：一个原生的智能合约 MeTTa。MeTTa（Meta Type Talk）语言是在 OpenCog Hyperon AGI 项目的背景下开发的，它具有许多优秀的特性，使其成为 HyperCycle 的核心智能语言。

MeTTa 具有灵活的底层语义，如面向同类构型理论的等价处理。AI 项目方可以通过 API 接口直接调用系统来处理各种事务，这意味着在处理 TODA/IP 消息或 TODA 数据时不会进行冗余的脚本运算，从而提高运行效率。

另外，MeTTa 是一种基于元图重写的语言，它以统一的方式表示数据和代码，实现了高阶函数和动态类型。MeTTa 支持多范式编程，包括函数式、逻辑式、面向对象式和并发式。MeTTa 还提供了强大的类型系统，确保代码的正确性和安全性。

更重要的是，通过使用 MeTTa 的编译器，项目方可以将 MeTTa 源代码编译为最初在 Rchain 区块链开发的 rholang 语言的源代码。这使得 MeTTa 能够借助 rholang 强大的并发特性实现真正的智能，甚至可以在 MeTTa 智能合约的内部利用 tokenomics 来管理计算资源的分配。

在新方案中，网络中的每个验证者不需要验证智能合约是否被正确执行，只需明智地选择一个随机子集进行验证即可。

借助 MeTTa，无论是 AI 还是其他项目方，都可以在 HyperCycle 节点上自由运行相关的智能合约，自动管理资源分配，将工作外包给其他人，并主动促使节点之间合作来解决问题。

完成这最后一步，我们的集群 AI 将真正活跃起来。

区块链与 AI 结合可以为商业和社会带来全新的价值。区块链提供了一个安全和透明的数据库，用于存储加密的数据，而 AI 则具备模拟人类思维解决问题的能力。将二者结合使用时，区块链能够提高 AI 模型所使用的数据资源的可信度和透明度，并通过将模型连接到自动化的智能合约来提高 AI 操作的速度。

此外，区块链与 AI 结合还可以实现数据和代码的统一表示，从而实现高阶函数和动态类型。这意味着 AI 能够快速而全面地读取、理解和关联数据，为基于区块链的业务网络带来新的智能。通过利用区块链存储和分发 AI 模型，还能提供审计跟踪功能，并利用 Tokenomics 来管理计算资源的分配。综上所述，区块链与 AI 的结合不仅提升了数据和模型的可信度与透明度，也为商业和社会带来了高效、安全和智能的解决方案。这种结合将为各行各业带来更多创新机会，并推动社会的进步。

9.3.2 去中心化 AI 治理：Humans.AI——AI 永生与数字孪生的监管性尝试

Humans.AI 致力于为基于人工智能的创作和治理创建一个一体化平台，5 月 19 日，Humans.AI 宣布了产品即将上线主网的新闻，并围绕此制定了一系列的宣发与推广活动。项目最初的重点在于利用人工智能技术生成或修改图像、音频、视频等多媒体内容。但随着时间的推移，Humans.AI 的野心逐渐显现，其核心愿景是让 AI 类型的 NFT 最终成为人类的数字扩展，甚至代替人类，实现数字永生。

我们或多或少都相信，通过数字 AI 的方式精准复刻我们所有的思想和记忆是一种潜在的"数字永生"的方式。但如果更进一步把它落地成现实，除了数字 AI 的记忆与认知复刻技术之外，如何存储我们的 AI 基因库也是一个不得不考虑的问题——以什么样的方式？通过什么途径？储存在哪？

如果，我们用 Web3.0 的方式来建造这个 AI 基因库呢？

1. Humans.AI 项目简介

Humans.AI 是一个基于区块链的内容平台，聚焦链上 AI 应用的大规模创作，形成了一个多利益相关者的生态系统。它将 AI 工具库融入创意工作室套件，使用户能在实现想法时有更多选择。用户有权创造并拥有自己的数字肖像，这些肖像可以被自己和他人用于创造无数数字资产。合成媒体、AI 应用和其他数字资产均可以利用区块链技术生成无法伪造的 NFT（非同质化代币）。

Humans.AI 为使用者提供一个 AI 算法模型库以及训练和部署环境（可以进行交易），开发者可以在上面分享自己的算法模型，同时其他开发者购买之后也可以进行改进。此外，每一个开发者会拥有一个"数字基因"的认证功能，模型的使用者需要通过"数字基因"来获得作者许可。

如果用更加简单易懂的语言来进行描述，我们可以理解为，Humans.AI 是一个能将 AI 模型制作成 NFT 来进行链上存储的 AI 模型区块链内容平台。其核心特色是将作为人类身份的"基因"凭证 NFT 化，如数字形象、声音，以确保转发给 AI NFT 的每个请求都验证为真人，使得 AI 的使用范围符合 Humans.AI 的道德标准以及由其创建者 / 所有者嵌入 AI NFT 中的一套规则。

2. 把 AI 装进 NFT：人工智能 NFT 是如何运作的

想象一下，一位研究人员开发了一种算法，该算法可以接受语音输入，并构建一个程序，将书面文本转换为类似于初始语音输入的音频——这便是 Humans.AI 的底层应用逻辑。

为了确保人工智能网络的安全性，Humans.AI 使用区块链和一套其他技术，如密码学和容器。AI 网络封装在一个容器中，容器是一种类似于虚拟机的结构，充当打包应用程序的方法，以便它可以与隔离的依赖项及其库和算法一起运行，因此应用程序从一个计算环境快速可靠地运行到另一个计算环境，当容器收到兼容的输入时，它将生成 AI 模型。

AI NFT 以用户的数字 DNA 为中心，生物识别数据可以是声音、面部、存在方式、手势等任何内容，如图 9-8 所示。这些信息封装在 AI NFT 中，可以作为合成媒体等未来 AI 产品开发的基础。例如，我们可以使用多个 AI NFT 来创建会说话的头像——一个将声音与面部相结合的数字化身——以创建一个可以训练用多种语言说话的数字角色。

图 9-8　AI NFT 以用户数字 DNA 为核心

除了存储的生物识别数据外，AI NFT 还嵌入了一套规则，规定了如何使用其中封装的信息。通过这种方式，我们可以防止用户生成传播有害内容的 AI 产品，例如仇恨言论、政治不正确的信息和令人反感的内容。

在 Humans.AI 生态系统中创建 AI NFT 的过程称为铸造。一旦 AI NFT 被铸造，它将包含以下两个组件。

- 一个描述性组件——生物识别数据以及 AI NFT 的创建者/所有者概述的一组治理规则，以及确认区块链中存在 NFT 的其他数据。
- 计算组件——一种封装 AI 网络的容器结构。通过采用一种称为零知识简洁非交互式知识论证（zk-SNARKs）的新型零知识密码学，我们能够确保没有实体可以在没有 AI NFT 所有者数字签名的情况下从容器执行 AI 组件。

为了方便用户进行操作，Humans.AI 还围绕交易市场、应用商城等进行丰富的基础设施打造。Humans.AI 计划构建"AI Library"——在一个现成的销售环境中部署和训练算法，用户可以分享他们的创作,并协作改进他们的模型。

当模型发布过后便会自动上传至 Humans Studio 中,如图 9-9 所示。其中的数据与算法模型封装为用于商品交易的 AI 实体与服务产品,在通过"人类凭证"的验证许可后被不同用户使用。这种模式意味着人类的某种智能表现形式,如语言交流能力、语音风格、性格特征等抽象要素可被交易并封装进一个表现实体中。

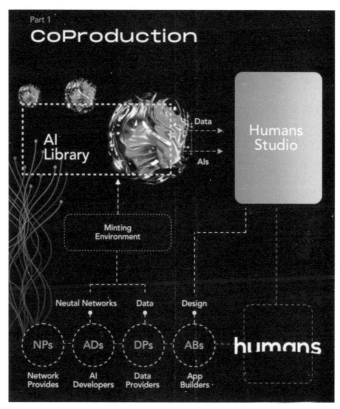

图 9-9　Humans.AI 的原理

3. AI 生态系统的监管核心:人类证明共识机制(PoH)

当人工智能涉及应用层时,对于人工智能系统的监管就成为我们每个人不得不面对的问题了。虽然《我，机器人》和《黑客帝国》对于人工智能的危害描写略有夸张，但若放任 AI 自由发展不管必然会成为一个巨大的技术危机。

正是基于这种以伦理为主要参考的底层逻辑，Humans.AI 推出了人类证明共识机制（PoH），在维护生态系统公平性的基础上更强调了对于人工智能伦理性的监管。PoH 是一种复杂且通用的机制，可确保与 AI NFT 相关的三个关键功能：治理、共识和验证。

人们可以通过专门的应用程序通过各种智能交互设备（智能手机、智能手表等）直接与 Humans.AI 区块链和 PoH 机制进行交互。为了确保 AI NFT 的治理符合人类道德伦理，Humans.AI 利用人类证明来确认在对 AI 模型提出的每个请求背后都有多个真人用户的数字签名，例如私钥和生物识别数据（指纹、心跳、视网膜扫描、面部识别等）。

例如，假设一个叫 Jungle 的人将他的声音封装在 AI NFT 中。为了防止第三方滥用他的声音（第三方可以是媒体公司或任何希望利用 AI NFT 生成内容的个人或实体），Jungle 可以在他的 AI NFT 中刻下一套规则，概述如何使用他的生物识别数据。

例如，Jungle 可以规定他的 AI NFT 不能用于制作淫秽内容、仇恨言论和任何政治不正确的内容。AI NFT 内部编写的规则始终可以由其所有者修改，以防他们希望纠正想要包含其他规则。

嵌入在 AI NFT 中的规则还可以规定，只有拥有一定质押代币阈值的验证者才能充当相应 AI NFT 的验证者，或批准 / 拒绝请求需要多少验证者。对于他们的工作，验证者可获得代币的奖励，但如果他们始终批准偏离 AI NFT 中设置的规则的请求，他们将受到制裁并失去验证者特权。

根据角色的不同，人工验证者可以分为以下两类。

- 工作人员：分析发送到 AI NFT 的请求的代理，以查看与 AI NFT 中嵌入的规则是否存在差异。根据他们的分析，工人可以选择投票是否应该接受或拒绝请求。
- 区块生产者：在工人对请求进行投票并表示同意后，区块生产者负责实际验证请求。他们被称为区块生产者，因为在他们给出最终确认后，会签署分组在区块中的请求，该区块被添加到区块链中，以促进透明度和可追溯性。

通过将人工智能与区块链技术相结合，Human.AI 赋予人们构建和控制自己的人工智能的能力，同时确保在我们的生态系统中创建的人工智能产品的开发和使用符合道德标准。

4. Humans.AI 货币生态：$HEART

在生态模型的基础上还需要代币系统的流动才能让整个体系真正运转起来，而在 Humans.AI 中，系统便使用了 $HEART 作为核心货币。

根据 Humans.AI 白皮书中所描述，当前生态系统中主要包含以下三种代币经济制度。

（1）$HEART TOKENS：用于生态系统内的治理和支付。

（2）NON-FUNGIBLE TOKENS（NFTS）：用于算法、基因组、数据、人工智能和应用程序的所有权。

（3）ERC20 TOKENS：代表每个 NFT 所拥有的治理权与收入权。

作为 Humans.AI 的原生代币，$HEART 代币使任何人都可以参与平台的治理过程，并促进平台内的关键价值流动。即使付款源自法定货币或其他可接受的加密货币，Humans.AI 收取的所有费用都将以 $HEART 支付。

参与平台贡献的四类角色都会根据利益分配算法自动获得回报。这种理想化的盈利分配方式旨在确保数据提供者的权益，是对Web2.0数据与算法垄断模式下的突破，将数据权益与开发者的权益归还于贡献者本身。

治理在生态系统中至关重要，因为社区把人类放在人工智能革命的最前沿，唯一的目标是使人工智能的目标与我们的目标保持一致。治理源于我们所做的一切，它将在我们的生态系统中发挥核心作用。

现阶段，Humans.AI有两个不同级别的治理——协议级别和AI NFT级别。协议级别的治理有据可查，并尊重当前的治理标准以及与社区和大型项目（如Terra、Cosmos、Osmosis等）的合作。

考虑到AI NFT将产生与NFT的实用性正比的经济价值，（AI NFT DAO代币的所有者将对AI NFT有发言权）。例如，语音的数据提供者可以对接受哪种语音铸造请求（例如仅接受商业视频）设置限制，人工验证者将检查每个请求以遵守这些限制。但是，如果数据提供者选择DAO风格进行产品治理，去中心化的规则下整个社区又将呈现出另一种不一样的画面。

所以，作为一个理念超前的"Web3.0+AI"项目，Humans.AI成功了吗？

至少在目前看来，它们还在发展着。5月19日，它们又宣布产品即将上线主网的消息，并围绕此制定了一系列宣发与推广活动。尽管Humans.AI项目并不是那么完美，PoH机制对于人类伦理的量化评分过于理想，对AI进行NFT形式的封装在技术操作上还是有所阻碍的，甚至AI本身的驱动，按照目前的发展阶段，还不足以达到"数字孪生"的效果。但这些都不重要，Humans.AI最大的意义不在于项目本身，而在于告诉我们这群探索者：当人类想实现数字永生，Web3.0会是让思维永存的关键。

9.4　AI+Web3.0——从科幻走向现实的新一轮叙事

"接下来 10 000 家创业公司的商业计划书很容易就能预测出来：X+ 人工智能。"

——梅拉妮·米歇尔《AI 3.0》

我们生在一个幸运的时代，我们见证了中本聪创建出第一个创世区块，以此开启了一个全新的去中心化互联网范式；我们见证了 ChatGPT 与 Midjourney 等 AIGC 工具的诞生与破圈，AI 大众化的渗透力度甚至在国内三四线城市的非科技工作者都有所耳闻。更为关键的是，等候在我们前方的，是我们已经窥见一隅的"金矿"，这里的财富至今还鲜有人所踏足，而我们，便是这片新财富的掘金者。如图 9-10 所示为"AI+Web3.0"的愿景畅想。

图 9-10　"AI+Web3.0"的愿景畅想

无论是此刻还是未来，AI 与 Web3.0 的深度结合几乎是板上钉钉的必然趋势。对于区块链世界而言，当我们把 AI 引入区块链与智能合约之中时，整个链条运行效率与链条灵活性提升将是我们难以想象的，而这将打破制约区块链应用大众化发展的桎梏。

对于 AI 赛道而言，"AI+Web3.0"的故事同样令人振奋。当 AI 装备竞争中，训练数据的战略价值被提升至一个前所未有的高度，我们迫切需要去中心化技术来对我们的数据资产进行保护；而当我们通过技术与规则的制定让不同 AI 模型之间协同发展，共同分享底层数据库并形成蜂群 AI，AI 模型的多元性与成长速度必将呈现指数级的发展趋势。

若我们将眼光放得更为长远与科幻一点，当人工智能如手机一般普及到世界上每一个人的方方面面，当私人 AI 变得司空见惯，那我们应该如何保护与存储这些由我们自己的数据所"成长"的 AI 模型？当数字孪生与 AI 永生成为现实，我们要如何确保这些代表着我们自己的意识数据不被篡改或侵犯？甚至当我们发明出超越人类的 AGI 时，我们该用何种手段对其进行约束？"AI+Web3.0"的故事就是这么性感。

但我们也很遗憾，"AI+Web3.0"的叙事，至少在现在的发展阶段中，还是多以"神话"为主。在研究标的筛选的过程中，我们扫描到无数个创新且有趣的"AI+Web3.0"创新项目，然而绝大多数项目方，或许是一眼看假的"土狗"项目，或许是始终停留在 DEMO 假设阶段，又或许半路夭折，不了了之……甚至当我们精挑细选出创新且落地的项目时，瞥一眼他们的发行币价，也或多或少有资方利用 AI 概念炒作操盘的痕迹。

所以，"AI+Web3.0"路在何方？路就在此刻。无论是 AI 还是 Web3.0，现在都处于极为早期的发展阶段，就如同 20 世纪末的互联网泡沫，一直到近十年才正式迎来真正的黄金时期。麦卡锡曾幻想在一个假期之内设计出具有人类智力的人工智能，但直到近七十年我们才真正迈开人工智能的关键一步。

"Web3.0+AI"也同样如此，我们已经确定了前进方向的正确性，剩下的便交给时间。

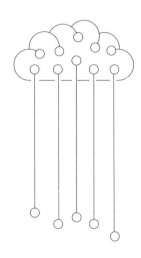

第 10 章
全球行业监管与未来展望

为确保数字资产行业的合规性和透明度，保护市场参与者的权益，同时维护金融系统的稳定性，监管机构需要制定一套指导框架，规范数字资产的发行、托管、交易以及投资服务等活动。这些监管措施的目的在于打击非法活动、防范欺诈行为，并为行业参与者提供明确的操作指南，同时也为技术创新提供支持。如果监管机构无法将现有法规适用于数字资产活动，市场和参与者将面临欺诈和非法活动的风险。数字资产监管框架的关键是明确活动规范和监管责任，以确保行业的健康发展。在过去的时间里，欧美和亚太地区在这方面有了很多进展，本章将对其进行介绍。

10.1 全球 Web3.0 行业监管概览一：欧美地区

10.1.1 美国

1. 政府态度

在美国，加密货币一直是联邦政府和州政府高度关注的焦点。加密货币的匿名性和去中心化特点，使其具有潜在的风险，可能被用于犯罪活动，如洗钱、走私和恐怖主义融资等活动。为了应对这些问题，联邦政府和州政府都加强了对加密货币市场的监管和执法力度。

在联邦层面，大多数重点都集中在行政机构层面，包括证券交易委员会（SEC）、商品期货交易委员会（CFTC）、国税局（IRS）、货币监理署（OCC）和金融犯罪执法网络（FinCEN）等。这些机构通过大量的执法行动来对加密货币行业进行规范，例如对 ICO(Initial Coin Offerings）的监管，对数字资产的税务规定，以及对加密货币交易所和钱包提供商的监管等。特别是在 SEC 和 CFTC 的高压下，加密货币市场受到了更加严格的监管。SEC 主要负责对数字资产进行监管和执法，如监管 ICO 和对数字资产证券化的规定。CFTC 则主要负责对加密货币期货和期权进行监管。同时，国税局和 FinCEN 也加强了对加密货币的税务和反洗钱等方面的监管。

随着加密货币进入主流社会的视野，为了应对加密货币行业的快速发展和多样化的业务模式，美国国会在近几年陆续提出了几项旨在为加密货币行业提供更多规范和指导的法案，如《数字商品交易法》（Digital Commodity Exchange Act），这项法案旨在为加密货币交易所提供一个统一的监管框架，将其置于商品期货交易委员会（CFTC）的管辖之下，要求交易所遵守客户保护、网络安全、市场监管等方面的规则；《数字税收法案》（Digital Taxonomy Act），这项法案旨在为加密货币的定义和分类提供一个标准，将其分为证券型和非证券型两类，分别由证券交易委员会（SEC）和 CFTC 监管，并授权联邦贸易委员会（FTC）打击加密货币领域的欺诈和操纵行为；《稳定币分类与监管法案》（Stablecoin Classification and Regulation Act），这项法案旨在对稳定币进行严格的监管，要求稳定币发行者持有与稳定币价值相等的美元或美元等价物，并接受联邦银行监管机构的审查和批准，否则将被视为违法行为；《负责任的金融创新法案》（Responsible Financial Innovation Act），这项法案旨在鼓励加密货币行业的创新和发展，同时确保其与社会其他领域合作，通过部署更多可再生能源和清洁能源以及减少能源浪费，帮助世界更接近气候目标，该法案还为不超过 200 美元的比特币支付商品和服务交易提供免税，并要求政府问责局分析养老金账户投资数字资产相关的机会和风险。

除了联邦政府行政层面的监管法规，2022 年 3 月 9 日美国总统拜登签署了《负责任地发展数字资产》行政命令。该命令旨在推动数字资产的发展，同时保护个人和企业的权益，维护金融稳定和系统安全，以及保持美国在全球金融系统中的领导地位。该命令没有对数字资产提出具体的监管要求，而是要求各政府部门协调合作，分析数字资产带来的风险，评估各自职责范围内对数字资产的监管能力。这种协调合作的方式，可以更好地保护数字资产市场的合法权益，同时也可以避免监管过度或者不足的问题。

总统行政令重点关注对个人和企业的保护、美国央行数字货币（CBDC）、金融稳定和系统风险、国家安全和美国在全球金融系统的领导地位等方面。其中，对个人和企业的保护是最为重要的一点。命令要求政府部门对数字资产的使用和交易进行监管，以保护消费者和投资者的权益。此外，命令还要求政府部门加强对数字资产的反洗钱和反恐融资等方面的监管，以应对数字资产领域的潜在风险。此外，命令还关注美国央行数字货币（CBDC）的发展。CBDC 是由美联储发行的数字货币，可以作为一种替代传统货币的形式，具有较高的安全性和便捷性。命令要求政府部门加强对 CBDC 的研究和开发，并推动 CBDC 的发展和应用。

2. 行业监管框架与原则以及监管机构的职能和分工

美国对于加密货币的监管一直是一个复杂而敏感的话题，涉及多个政府机构和法律法规，以及与加密货币行业的博弈和争议。美国国会、美国证券交易委员会（SEC）、美国商品期货交易委员会（CFTC）、美国司法部、美国财政部等都在不同程度上参与了加密货币的监管和执法。

在美国的加密监管体系里，CFTC 和 SEC 是绕不开的。但这两者对加密货币的定义依旧充满分歧，这导致加密公司对美国监管的接受程度在逐渐降低。SEC 和 CFTC 之间的争议主要是关于加密货币应该被视为证券还是商品。这个问题的答案对于加密货币公司的合规和监管有着重要的影响。

SEC 认为某些加密货币是证券，而 CFTC 认为它们是商品。作为证券，加密货币将受到证券法规的严格监管，例如注册、信息披露、交易所监管等。这些规定的目的是保护投资者，防止欺诈和不当行为。而作为商品，加密货币将受到期货交易法规的监管，例如交易所注册、报告义务等。这些规定主要是保护市场的公平、公开和透明。此外，SEC 和 CFTC 还在加强对加密货币市场的监管和执法行动，例如对 ICO 的监管和对非法加密货币交易所的打击等。SEC 还加强了对数字资产的监管，例如对数字资产证券化的规定，以及对数字资产交易所和钱包提供商的监管等。

在某些情况下，一个加密货币可能既被视为证券又被视为商品。例如，比特币通常被视为商品，因为它是通过挖掘产生的，类似于黄金或其他贵金属。但是，某些代币可能被视为证券，因为它们被视为一种投资工具，类似于股票或债券。

由于缺乏统一的法律框架，加密货币的分类一直是监管机构和行业内的热门话题。但即使对加密货币缺乏明确的分类定义，美国的加密监管却从未停止，近年来对加密领域的监管力度持续增强，其中不乏一些巨额罚单，如表 10-1 所示。

表 10-1　美国 SEC 和 CFTC 近年来对加密货币领域的部分罚款情况

Time	Content	Fine Amount	Impact
Jun 5, 2023	SEC sues Binance and its CEO Changpeng Zhao for operating an illegal cryptocurrency exchange using billions of dollars in Binance customer funds1	Not specified	Binance denies the allegations and plans to defend itself vigorously
Mar 27, 2023	CFTC charges Binance and its CEO Changpeng Zhao with operating an unregistered futures commission merchant and violating anti-money laundering regulations12	Not specified	Binance said it would cooperate with the CFTC and that it had robust compliance programs in place
Dec 13, 2022	SEC charges Samuel Bankman-Fried with defrauding investors in FTX Trading Ltd., the crypto trading platform of which he was the CEO and co-founder2	Not specified	FTX collapsed in the fall of 2022 after a liquidity crisis
Aug 10, 2021	CFTC orders BitMEX to pay $100 million for illegally operating a cryptocurrency derivatives trading platform and anti-money laundering violations3	$100 million ($50 million to CFTC and $50 million to FinCEN)	BitMEX agreed to stop offering services to U.S. customers and implement compliance programs
Sep 30, 2020	SEC charges Salt Lending and its founder Erik Voorhees for offering and selling unregistered securities in the form of digital tokens	$250,000	Salt Lending agreed to register its tokens as securities and offer investors a refund
Sep 17, 2019	SEC charges ICOBox and its founder Nikolay Evdokimov for conducting an illegal $14 million securities offering of ICOBox's digital tokens and for acting as unregistered brokers for other digital asset offerings	$16 million	ICOBox failed to appear in court and a default judgment was entered against it
Nov 16, 2018	SEC charges EtherDelta founder Zachary Coburn with operating an unregistered securities exchange	$388,000 ($300,000 penalty, $13,000 in prejudgment interest, and $75,000 disgorgement)	Coburn cooperated with the SEC and agreed to pay the fine without admitting or denying the findings
Oct 15, 2021	CFTC fines Tether and Bitfinex $42.5 million for 'Untrue or Misleading' Claims	$42.5 million	Tether and Bitfinex agreed to cease any further violations and provide quarterly reports to the CFTC for two years
Aug 10, 2021	CFTC orders BitMEX to pay $100 million for illegally operating a cryptocurrency derivatives trading platform and anti-money laundering violations1	$100 million ($50 million to CFTC and $50 million to FinCEN)	BitMEX agreed to stop offering services to U.S. customers and implement compliance programs

除了 SEC 和 CFTC 外，财政部、司法部也对加密货币持有不同的态度。财政部主要负责征收加密货币交易的税收，并探索发行中央银行数字货币的可能性；司法部主要负责打击加密货币的非法活动，如洗钱、恐怖融资、勒索软件等，并提高应对新威胁的能力和资源。

10.1.2　欧盟

欧盟加密监管生态主要由 MiCA（The Markets in Crypto Assets Regulation biu，加密资产市场监管法案）、TFR（Transfer of Funds Regulation biu，资金转移条例）和 AMLR（Arti-Money Laundering Regulation，反洗钱条例）三个法规构成，目的是为加密资产和加密资产服务提供者建立一个统一、透明、创新和安全的监管框架。

MiCA 是欧盟最全面的加密监管法案，它将加密资产分为三类：电子货币代币（EMT）、资产参考代币（ART）和其他类加密资产。并对不同类型的加密资产和 CASP 有不同的监管要求，其中对稳定币的监管最为严格。

MiCA 的主要有以下内容和影响。

（1）MiCA 作为欧盟法规，具有高位阶的立法效力，对欧盟所有成员国都有效，将建立一个统一的欧盟市场，为加密资产发行者和服务提供者提供"护照"制度，欧盟境内的加密资产服务经营主体只需在一个成员国获得许可，就可以在整个欧盟范围内提供服务。这将降低监管成本和复杂性，增加跨境业务的便利性，大大降低相关主体的合规成本。

（2）MiCA 将对加密资产发行者和服务提供者施加一系列的义务和要求，包括注册、授权、披露、治理、风险管理、客户保护、反洗钱、市场监管等方面。这将提高加密资产市场的透明度和信任度，保护投资者和消费者的利益，防止市场滥用和金融犯罪。

（3）MiCA 将对不同类型的加密资产实施不同程度的监管。其中，稳定币（特别是全球稳定币）将受到最严格的监管，因为它们被认为具有较高的系统性风险。

对于稳定币的发行方来说：

- 白皮书应包括资产参考代币价值稳定运行机制、对于储备资产的投资政策及托管安排和持有者的权利。发行人还应披露可用于供刚性兑付的资产形式。对于白皮书中披露的商业模式，主管部门具有相当大的自由裁量权，即当其基于客观无偏见的理由认为该种商业模式将对金融稳定、支付结算系统和市场公平造成威胁时，可以拒绝批准发行，但是该主管部门应参考 EBA（European Banking Authority，欧洲银行管理局）、ESMA（European Securities and Markets Authority，欧洲证券及市场管理局）、ECAB 以及成员国央行的意见。
- 资产参考代币发行人等主体还应承担持续披露义务：资产参考代币的发行人应在其网站上持续披露该代币的流通数

量、储备资产的价值和组合结构以及任何有可能对该资产参考代币或其储备资产价值产生重大影响的事件,无论其底层资产是否在交易平台流通。

对于稳定币的营业主体来说:
- 电子货币代币的发行人应是信用机构或者根据现有立法取得电子货币机构资质的主体。
- 资产参考代币发行人的股东或者成员应满足反洗钱和反资助恐怖主义方面的要求,并有良好的声誉。
- 资产参考代币的发行人需要满足一定的资本要求以适应其发行规模,具体表现在储备资产与其支撑的代币价值要符合规定的比例。但主管部门有权基于风险评估结果来提高这一资本要求。
- 资产参考代币的储备资产应与发行人自身资产以及发行人发行的其他资产参考代币的储备资产进行风险隔离,托管于第三方机构。该机构应对该资产的损失进行赔偿,除非能够证明损失是由超出其合理控制的外部事件造成的。同时,储备资产不得集中托管,除非属于找不到合适的托管机构时的临时性集中。
- MiCA将与现有或即将出台的其他金融法规协调一致,例如《支付服务指令》(PSD2)、《第五反洗钱指令》(AMLD5)、《数字运营弹性法规》(DORA)等。这将确保加密资产与传统金融服务之间的公平竞争和一致标准。

以下几种类型的代币不受MiCA的监管。

(1)免费获取的其他加密资产。

MiCA中"免费"的定义非常严格:对于需要以个人信息来换取的加密资产,或者需要向加密资产提供支付会员费、佣金、金钱或非金钱利益来取得的加密资产不属于免费取得的加密资产。

(2)作为维护分布式记账技术(DLT, Distributed Ledger Technology)或者验证交易的报酬的加密资产,例如比特币。

（3）用于换取货物或者服务的功能代币。对于货物和服务尚在筹备中的功能代币，筹备期超过 12 个月的，则属于 MiCA 监管范围。

（4）具有独特性（Unique）的与其他加密资产不可代换（not fungible）的加密资产，即 NFT 资产（虽然 MiCA 并未直接使用"NFT"一词）。

TFR 是欧盟针对跨境支付和电子货币转移的监管法规，它要求所有涉及加密资产的转移都必须包含发送方和接收方的身份信息，以防止洗钱和恐怖主义融资等非法活动。

AMLR 是欧盟针对反洗钱和反恐怖融资的监管法规，它将 CASP 纳入其适用范围，并要求它们遵守客户尽职调查、交易监测、可疑活动报告等义务。

欧盟的加密监管生态还在不断发展和完善中，未来可能会出现新的法规或指导意见，以应对加密市场的快速变化和创新。例如，欧盟正在试点 DeFi"嵌入式监管"方案，以实现对分布式账本技术（DLT）的自动监控和合规性检查。

10.2　全球 Web3.0 行业监管概览二：东亚地区

10.2.1　中国

在中国，出于对货币主权和金融安全的考虑，对于加密货币的监管态度较为谨慎。目前中国将加密货币发行相关活动定义为非法金融活动，全面禁止与代币发行融资交易及"虚拟货币"相关的活动出现。

为了防范和处置虚拟货币交易炒作风险，切实维护国家安全和社会稳定，中国政府出台了一系列严厉的监管措施，如表 10-2 所示。包括《关于防范比特币风险的通知》将比特币明确定义为商品而非货币，不能在市场上流通使用；《关于防范代币发行融资风险的公告》禁止代币发行融资，禁止加密货币兑换业务；《关于进一步防范和处置虚拟货币炒作风险的通知》禁止加密货币作为货币在市场上流通使用；《关于整治虚拟货币"挖矿"活动的通知》清退大陆矿机等。

表 10-2 中国关于虚拟货币行业的监管

法律法规	时间	主要内容
《关于防范比特币风险的通知》	2013年12月3日	明确比特币不具有法定货币地位，是一种特定的虚拟商品，不能且不应作为货币在市场上流通使用；要求各金融机构和支付机构不得开展与比特币相关的业务；加强对比特币互联网站的管理；防范比特币可能产生的洗钱风险；加强对社会公众货币知识的教育及投资风险提示
《关于防范代币发行融资风险的公告》	2017年9月4日	明确代币发行融资（ICO）属于非法公开融资行为，涉嫌非法发售代币票券、非法发行证券、非法集资、金融诈骗、传销等违法犯罪活动；要求各有关机构和个人立即停止从事代币发行融资活动，并对已完成的代币发行融资活动进行清退；加强对代币交易平台的监管，禁止金融机构和非银行支付机构为代币交易提供服务；加强对代币发行融资活动的监测预警、信息报告和风险提示
《关于防范虚拟货币交易炒作风险的通知》	2021年9月15日	重申虚拟货币不具有法定货币地位，是一种特定的虚拟商品，不能且不应作为货币在市场上流通使用；重申虚拟货币相关业务活动属于非法金融活动，一律严格禁止，坚决依法取缔；明确境外虚拟货币交易所通过互联网向我国境内居民提供服务同样属于非法金融活动；提醒参与虚拟货币投资交易活动存在法律风险；建立健全应对虚拟货币交易炒作风险的工作机制，加强部门协同联动、强化属地落实、全方位监测预警、构建多维度多层次的风险防范和处置体系
《关于进一步防范和处置虚拟货币炒作风险的通知》	2021年9月15日	同上
《关于整治虚拟货币"挖矿"活动的通知》	2021年9月24日	明确虚拟货币"挖矿"活动是一种高耗能、高污染、高风险的生产过程，与我国节能减排和碳达峰碳中和的目标相背离，严重影响经济社会发展和生态环境保护；要求各地区、各部门按照统一部署，加快推进虚拟货币"挖矿"活动的清理整治工作，严禁新建或扩建虚拟货币"挖矿"项目，严厉打击违法违规的虚拟货币"挖矿"活动；建立健全虚拟货币"挖矿"活动的监管协调机制，加强信息共享与联合执法，形成常态化监管长效机制

由于中国将加密货币看作影响货币主权的商品，因此涉及的监管机构较多，主要有：

（1）官方监管机构：中国人民银行、中共中央网信委、工信部、国家市监总局、银保监会、证监会。

（2）行业组织：中国互联网金融协会、中国银行业协会、中国证券业协会。

在中国，比特币及其他虚拟货币并没有得到政府的认可和支持，相反，监管机构对其持有非常谨慎和审慎的态度。中国政府认为，虚拟货币存在着高度的投机性、波动性和风险性，可能会危害人民群众的财产安全，扰乱经济金融秩序，滋生洗钱、赌博、诈骗等违法犯罪活动，甚至威胁国家安全和社会稳定。因此，为了保障人民币的法定货币地位和主权稳定，中国政府对于虚拟货币的监管一直在逐步收紧。从2013年开始，中国政府就出台了一系列严厉的监管措施，将加密货币定义为一种特定的虚拟商品而非货币，并禁止金融机构和支付机构为虚拟货币相关业务提供服务，禁止代币发行融资（ICO）等非法公开融资行为，禁止虚拟货币与法定货币之间的兑换服务，禁止虚拟货币"挖矿"活动等。中国政府对于加密货币的监管态度可以概括为：

- 强调加密货币作为商品的定义，禁止其影响人民币作为法定货币的地位；
- 从广大人民群众的财产安全角度出发，禁止打着"代币发行融资"旗号的金融炒作，禁止各种实质是庞氏骗局的"金融创新"。

但是在产业政策层面，从国务院到各级地方政府都将区块链看作新时代数字经济发展的底层技术之一，并对其加以鼓励。

近年来，中国政府高度重视区块链和Web3.0产业的发展，出台了一系列政策措施，旨在加快推动区块链技术应用和产业发展，培育数字经济新动能，提升国家数字化转型水平。我国区块链和Web3.0产业政策主要包括以下几个方面。

（1）加强顶层设计和战略规划。

2019年国务院办公厅印发《关于加快推进大数据发展的指导意见》明确提出要加快推动区块链技术在各领域的应用和产业发展。2021年，《国务院关于印发"十四五"数字经济发展规划的通知》将区块链技术视为新一代信息技术的重要组成部分，并提出了具体的发展目标和任务。此外，还有《工业和信息化部 中央网信办印发〈关于加快推动区块链技术应用和产业发展的指导意见〉》等相关政策文件。通过这些政策文件，中国政府对于区块链技术的重要性和应用前景有了清晰的认识，并制定了相关的指导意见和规划，以推动区块链技术的发展和应用。

（2）支持技术创新和标准制定。

2018年，《工信部关于开展区块链标准化工作的通知》启动了区块链标准化工作，并成立了区块链分技术委员会。2019年，《工信部关于开展第一批国家区块链信息服务备案工作的通知》启动了国家区块链信息服务备案工作，并公布了第一批备案名单。2020年，《工信部关于开展第二批国家区块链信息服务备案工作的通知》公布了第二批备案名单。此外，还有《工信部关于开展2020年度国家重点研发计划"新一代信息网络"重点专项项目申报工作的通知》等相关政策文件。

（3）促进应用场景和产业集聚。

2018年，《国务院办公厅关于促进数字经济创新发展的指导意见》提出要推动区块链在供应链管理、产品溯源、数据共享等领域的应用。2019年，《国务院办公厅关于促进"互联网+"深入发展的指导意见》提出要推动区块链在政务服务、司法存证、智慧城市等领域的应用。2020年，《国务院办公厅关于促进数字经济高质量发展的指导意见》提出要推动区块链技术在数字身份、数据存证、城市治理等领域的应用,该指导意见明确了区块链技术在提升数字经济发展质量方面的重要作用。此外,还有《国务院办公厅关于印发新一代人工智能创新发展三年行动计划(2019—2021年)的通知》等相关政策文件。

除了顶层设计,各地方政府也相继出台了Web3.0发展规划。北京市出台了《北京市互联网3.0创新发展白皮书(2023年)》,提出了互联网3.0的基本情况、发展与演进、技术体系、应用领域、产业生态、政策建议等内容,为北京市互联网3.0创新发展提供了指导和参考。上海市发布了《上海市数字经济发展"十四五"规划》,将Web3.0概念视为"第三代万维网",要作为新一代网络去布局,并支持龙头企业探索NFT交易平台建设等。

作为一个完整的Web3.0项目,往往具有金融属性,比如代币发行、交易、借贷、保险等。然而,在中国大陆,这些项目面临着严格的监管限制,比如禁止ICO(首次代币发行)、禁止虚拟货币交易、禁止非法集资等。因此,如果想要将Web3项目引入金融属性,还是要提前做好出海的打算,即将项目的运营、注册、合规等环节放在海外市场,以避免触碰国内法律红线。

10.2.2 中国香港

中国香港在短短几十年内成为国际金融中心的佼佼者,这与其金融监管体系的自由有序密不可分。中国香港金融监管体系的主要特点是分业监管和政府监管与行业自律并行。

中国香港特区政府的金融监管工作由财经事务及库务局(财库局)、香港金融监管局(金管局)、证券及期货事务监察委员会(证监会)和保险业监管局(保监局)共同承担,它们的职责如下:

- 财库局在金融监管中起到管理者的作用，可以制定金融政策以及提交立法建议。
- 金管局作为香港特区的央行，主要负责维持金融体制和银行业稳定、管理外汇基金维持港币稳定的职责。
- 证监会主要负责监管和推动证券及期货市场发展，可以向申请受证监会规管的活动发牌照。
- 保监局的职能是监管保险业，保障保单持有人的利益，促进保险业平稳发展。

此外，香港银行公会、香港交易所、香港保险业联会分别作为银行业、证券业以及保险业的行业自律机构进行行业监管。

下面介绍一下中国香港特区政府加密货币的监管思路及相关的政策法规。

现行的香港金融监管体系对于加密货币没有进行专门的立法，但随着加密货币行业的迅速发展，相关的政府部门发布了一系列政策、声明以及通知文件。

1. 财库局

（1）《有关香港虚拟资产发展的政策宣言》。

2022年10月31日财库局发布了《有关香港虚拟资产发展的政策宣言》，在宣言中表达了香港对虚拟资产开放和兼容的态度，后续会订立虚拟资产服务提供者的发牌制度，对在交易所买卖ETF持欢迎态度，对稳定币也会出台适当的监管政策，并且准备推出关于绿色债券代币、数码港元等一系列实验计划。

（2）《2022年打击洗钱及恐怖分子资金筹集（修订）条例草案》。

2022年12月香港立法会通过了《2022年打击洗钱及恐怖分子

资金筹集（修订）条例草案》，该修订草案明确了虚拟资产交易平台必须要向香港证监会申请牌照，对无牌经营可处 500 万港币罚款和 7 年监禁，该修订草案将会在 2023 年 6 月 1 日生效。

2. 证监会

（1）《有关首次代币发行的声明》。

（2）《致持牌法团及注册机构的通函有关比特币期货合约及与加密货币相关的投资产品》。

2017 年 9 月和 12 月发布的《有关首次代币发行的声明》和《致持牌法团及注册机构的通函有关比特币期货合约及与加密货币相关的投资产品》明确了 ICO 项目如果符合《证券及期货条例》中规定的证券，其业务活动对象是香港公众的，需要向香港证监会申领牌照。

（3）《致中介人通函——分销虚拟资产基金》。

2018 年证监会发布《致中介人通函——分销虚拟资产基金》，对虚拟资产基金分销商的持牌条件进行规定。

（4）《立场书：监管虚拟资产交易平台》。

2019 年 11 月发布的《立场书：监管虚拟资产交易平台》阐明了证监会无权向买卖非证券型虚拟资产或代币的平台发牌或对其做出监管，并且证监会愿意为有能力领取牌照的平台制定一套与适用于持牌证券经纪商及自动化交易场所标准的严格标准。对于虚拟货币交易所需要申请 1 号牌照（证券交易）和 7 号牌照（自动化交易）。

香港证监会发布的金融牌照有十种，如表 10-3 所示。

表 10-3　香港证监会发布的金融牌照

牌照编号	受管制活动	说明
1号	证券交易	为客户提供股票及股票期权的买卖/经纪服务；为客户买卖债券；为客户买入/卖出互惠基金及单位信托基金
2号	期货合约交易	为客户提供期货合约及期货期权的买卖/经纪服务；为客户买卖其他衍生产品
3号	杠杆式外汇交易	为客户提供杠杆式外汇合约的买卖/经纪服务
4号	就证券提供意见	为客户提供有关证券、期货合约或衍生产品的意见或分析
5号	就期货合约提供意见	为客户提供有关期货合约或衍生产品的意见或分析
6号	就机构融资提供意见	为客户提供有关机构融资、企业重组、上市、收购或兼并等事项的意见或分析
7号	提供自动化交易服务	提供自动化交易系统，使客户能够通过该系统进行证券或期货合约的交易
8号	证券借贷及回购安排	提供证券借贷或回购安排，使客户能够借入或借出证券
9号	资产管理	管理客户的投资组合，包括证券、期货合约或衍生产品等资产
10号	提供信用评级服务	准备并发布有关公司、法团、政府机构、国家或地区等主体的信用评级

10.2.3　新加坡

新加坡是全球对于加密货币最为友好的地区之一，但在2022年经历了Luna崩盘、三箭资本爆仓、FTX垮台等一系列事件后，新加坡官方表示新加坡不会再容忍投机行为。尽管如此，目前新加坡对于加密货币的监管框架仍然遥遥领先于世界上大部分地区。

新加坡对于加密货币的监管主体主要是新加坡金融管理局（MAS），其针对数字货币投资浪潮及时表明了监管态度并出台了一系列数字货币监管相关政策。

在法律上，新加坡为涉及数字货币的交易、投资活动提供了一个中立的制度。换言之，数字货币在新加坡是合法的，任何涉及数字货币的合同都不会被视为非法。一方面，新加坡政府积极探索区块链技术创新对社会带来的良性影响，如政府一直在尝试用区块链技术发展数字货币和数字支付。另一方面，对于数字货币相关活动带来的风险，亦采取了谨慎监管的态度。如新加坡目前在规制数字货币相关领域进行了一系列重要立法，包括《证券与期货法》《支付服务法》《数字代币发售指南》以及《金融业综合法案》（征求意见稿）等，覆盖了 ICO（首次代币发行）、税收、反洗钱/反恐怖主义以及购买/交易虚拟资产等全方面监管。

具体来说，新加坡金融管理局按照数字货币的功能分为三大类型：一是证券型数字代币；二是类似于比特币的支付型代币；三是实用型数字代币。其监管将根据数字货币的功能类型不同而有所区别。

（1）证券型代币。

2016 年 6 月，MAS（新加坡金融管理局）引入了监管沙盒制度，旨在为金融机构创新提供一个有利的环境。该制度允许参与的金融科技公司在事先报备的情况下从事与现行法律法规有冲突的业务，即使相关业务被官方终止，也不承担法律责任。此外，如果发行的数字代币符合资本市场产品的定义，可以申请进入 MAS 的监管沙盒进行试验性运营。一旦获得批准，MAS 将提供适当的政策支持，放宽特定法律或监管要求，而申请人则需要遵守相关要求。MAS 的监管沙盒制度的推出不仅表明其对金融创新持包容态度，而且与其他国家的金融监管机构不同，MAS 并不排斥初始代币发行（ICO），反而积极寻找专注于区块链技术的 ICO，并积极探索适用于新兴金融科技创新领域的监管方式。

2017 年 8 月 1 日，MAS 发表了关于 ICO 监管的声明文件，随着 ICO 作为一种集资手段快速增长，MAS 决定对涉及新加坡证券与期货法（SFA）的 ICO 活动进行监管。声明指出，如果发行的数字货币属于资本市场产品，具备资本投资属性，例如可以表示所有权,那么将视为股份或集资投资行为,受到MAS的监管。同时,MAS表示,符合证券期货法的描述的数字货币在进行ICO之前必须提前向金融管理局备案,并且在发行和交易过程中必须符合证券期货法和财务顾问法的相关要求,除非获得豁免,并满足反洗钱和反恐怖融资的规范要求。这是MAS首次正式发布的ICO监管文件,表明了该机构对ICO的立场和监管方向。

2017年11月14日,MAS发布了《数字代币发行指南》,并于2020年5月26日进行了修订。该指南规定,如果数字代币属于《证券和期货法》规定的资本市场产品(Capital Markets Products,CMP),将受到金融管理局的监管。资本市场产品包括证券、债券、衍生品合约和集体投资计划等。《数字代币发行指南》还将证券型代币发行服务中介机构纳入监管范围,这些中介机构需要根据其提供的服务内容持有资本市场服务牌照、财务顾问牌照或获得MAS批准成为交易所。

(2)数字支付型代币。

2019年1月14日,新加坡通过了《支付服务法》(Payment Services Act,PSA)。该法案将支付牌照监管范围扩大至七类支付服务,包括账户发行、国内汇款、跨境汇款、商户支付、电子货币e-Money发行、数字支付代币DPT服务和货币兑换。根据《支付服务法》,提供数字支付代币服务DPTS(Digital Payment Token Service)的机构需要获得MAS颁发的牌照,并遵守有关反洗钱和反恐怖融资的规定。

2021年1月4日,新加坡议会通过了《支付服务法(修订案)》,以满足国际反洗钱金融行动特别工作组(FATF)对反洗钱和反恐怖融资的监管要求。该修订案扩展了数字支付代币服务商的范围,包括提供DPT转账、DPT钱包托管和去中心化DPT交易的服务机构,并进一步加强了对数字支付服务的监管。

2022年1月17日,MAS发布了《向公众提供DPT服务之指南》,指出数字支付代币(DPT)具有高风险性,不适合公众参与。该指南要求DPT服务商避免在公共场所或大众社交媒体上推介DPT服务,只能在公司网站和应用及社交账号上推广其DPT服务。

2022年4月,新加坡议会通过了《金融服务与市场法案》(FSM)。该法案要求数字代币发行方和服务提供方必须获得有效的金融牌照,并加强了反洗钱和反恐怖主义融资要求。参照金融行动特别工作组(FATF)的标准,FSM法案将DPT服务范围扩大到直接或间接交易、兑换、转账、保管加密货币,或提供相关投资建议。此外,法案还将监管机构的覆盖范围扩大到在新加坡设立但向新加坡以外提供服务的加密货币服务机构。

2022年10月26日,新加坡发布了针对数字支付代币服务监管措施的公众咨询文件。该文件计划进一步细化对数字支付代币DPT服务的监管政策,以降低DPT交易中的风险并保护投资者。

(3)实用型代币。

实用型加密货币具有使用价值,但不具备分红或证券属性,并且不用于支付功能。新加坡金管局采用排除法的方式对实用型加密货币进行判断。首先判断其是否属于证券型或支付型,如果都不是,则被归类为实用型。新加坡金管局给予实用型加密货币较大的创新空间,因为它可以用于交换发行主体创新开发的特定产品或服务的使用权,其中包括利用区块链技术。新加坡金管局目前持开放态度,以观察实用型加密货币对改善金融服务和实体经济的作用。发行实用型加密货币无须受到新加坡金管局的监管,但必须符合新加坡的反洗钱和反恐怖主义融资规定。

新加坡对加密货币制定了明确的监管界定政策,确认了其合法性，并采取包容的态度。监管部门对于加密货币可能带来的金融风险持谨慎态度，并及时修订现有法规，以确保加密货币业务合规进行。新加坡金管局还定期发布风险警告，提醒相关交易风险，以保护散户投资者。

10.3　Web3.0 的监管难点和挑战

监管 Web3.0 的一个主要困难是缺乏对 Web3.0 的清晰定义和规定范围。不同的人和组织可能对 Web3.0 涉及的内容有不同的看法和期望，例如其技术特征、治理模式、法律地位和社会影响。例如，有些人可能将 Web3.0 视为一种不依赖中介创建和拥有数字资产和服务的方式，而有些人可能将 Web3.0 视为一种挑战现有互联网权力结构和规范的方式；有些人可能关注 Web3.0 的技术方面，例如区块链和加密技术的使用；而有些人可能关注 Web3.0 的社会和政治方面，例如社区和价值观的作用；有些人可能认为 Web3.0 是一种合法和合理的现象，而有些人可能认为 Web3.0 是一种非法和不合理的现象。这些不同的观点和期望给监管者和市场参与者带来了不确定性与混乱，他们可能面临不一致或冲突的规则和标准。例如，一些国家可能对 Web3.0 有更支持或更严格的规定，而一些国家可能对 Web3.0 有更清晰或更模糊的规定。这使得监管者难以监测和执行合规性，也使得市场参与者难以在一个全球化和动态的环境中运作和创新。

监管 Web3.0 的另一个困难是创新与风险管理之间的权衡。Web3.0 承诺为数字经济带来新的机会和好处，例如效率、透明度、包容性和赋权。例如，Web3.0 可能使交易更快更便宜，信息更开放可验证，边缘化群体更有机会参与，用户更有控制权和自主权。

然而，Web3.0 也带来了新的风险和脆弱性，例如波动性、欺诈、网络攻击、洗钱和环境影响。例如，Web3.0 可能使用户面临价格波动、诈骗、黑客攻击、非法活动和能源消耗。监管者需要平衡促进创新和竞争与保护消费者和金融稳定之间的需求。这意味着监管者需要在鼓励和支持 Web3.0 的发展与应用的同时，确保它不会对用户或金融系统造成过度的伤害或威胁。这要求监管者对 Web3.0 的潜在好处和风险有清晰的了解，以及采取适当的工具和措施来应对它们。

　　监管 Web3.0 的第三个困难是不同利益相关者之间的协调与合作。Web3.0 涉及一个复杂而动态的行为者生态系统，例如开发者、用户、平台、服务提供者、投资者、中介、监管者和政策制定者。这些行为者可能有不同的利益、激励、价值观和目标。例如，有些人可能寻求最大化利润或社会影响，而有些人可能寻求最小化成本或风险；有些人可能重视创新或自由，而有些人可能重视稳定或安全；有些人可能有长期或全球的视野，而有些人可能有短期或本地的视野。他们也可能在不同的领域、行业和地区运作。例如，有些人可能属于公共或私营部门，而有些人可能属于民间社会或学术界；有些人可能在金融或技术行业工作，而有些人可能在艺术或教育行业工作；有些人可能基于发达或新兴市场，而有些人可能基于专制或民主制度。因此，有效地监管 Web3.0 需要各方之间的合作和对话，以建立共同的标准、原则、最佳实践和争端解决机制。这意味着参与 Web3.0 的行为者需要相互沟通和协调，以使他们的期望和行动保持一致，分享他们的知识和专长，就他们的角色和责任达成一致，并解决他们的冲突和纠纷。这需要行为者之间有高度的信任和相互理解，以及一个灵活和包容的合作框架。

10.4 畅想未来的 Web3.0 时代

1. 技术层面

Web3.0 的技术堆栈还不够完善和成熟，需要解决一些性能、安全、可用性、互操作性等问题。比如，区块链的扩容问题、分布式存储的可靠性问题、去中心化身份的标准化问题、跨链协议的兼容性问题等。

- 区块链的扩容问题：由于区块链的共识机制和去中心化特性，其交易吞吐量和响应速度会受到限制，无法满足大规模应用的需求。目前，区块链的扩容方案主要有两类：一类是在底层协议层进行优化，如提高区块大小、降低出块时间、采用分片技术等；另一类是在上层构建二层网络，如侧链、状态通道、Plasma、Rollup 等。
- 分布式存储的可靠性问题：分布式存储是 Web3.0 的重要组成部分，它可以实现数据的去中心化和安全保护。但是，分布式存储也面临一些挑战，如何保证数据的完整性、可用性和持久性，如何防止数据丢失或篡改，如何激励节点提供存储服务等。
- 去中心化身份的标准化问题：去中心化身份（DID）是 Web3.0 的另一个核心组件，它可以让用户拥有自己的数字身份，并在不同的平台和应用中使用。但是，目前还没有一个统一的标准来定义和管理 DID，不同的项目和组织有不同的实现方式和规范，这导致 DID 之间的互操作性和兼容性较低。
- 跨链协议的兼容性问题：跨链协议是 Web3.0 的又一个关键组件，它可以实现不同区块链之间的数据和价值交换。但是，目前还没有一个通用的跨链协议来连接所有的区块链，不同的跨链方案有不同的技术原理和安全假设，这导致跨链协议之间的互操作性和兼容性较低。

2. 商业层面

Web3.0 的商业模式还不够清晰和有效，需要探索一些价值捕获、激励机制、治理模式等问题。比如，如何平衡协议层和应用层的利益分配、如何激励用户和开发者的参与及贡献、如何实现分布式自治组织（DAO）的有效决策和协调等。

- 协议层和应用层的利益分配问题：Web3.0 遵循"胖协议"和"瘦应用"理论，即底层协议能够很好地捕获价值，而应用层则相对较少。这种模式有利于促进开放创新和网络效应，但也可能导致应用层缺乏足够的激励和收入，难以持续发展和竞争。因此，如何平衡协议层和应用层的利益分配，是 Web3.0 需要解决的一个重要问题。
- 用户和开发者的参与和贡献问题：Web3.0 的一个核心理念是让用户和开发者成为网络的所有者和受益者，而不是成为被剥削和控制的对象。为了实现这一目标，Web3.0 需要设计一些有效的激励机制，来吸引和奖励用户和开发者的参与及贡献。这些激励机制可能包括代币分配、治理权利、收益分享等。
- 分布式自治组织（DAO）的决策和协调问题：分布式自治组织（DAO）是 Web3.0 的一种新型组织形式，它可以实现去中心化的协作和治理。但是，DAO 也面临一些挑战，如如何保证 DAO 的透明性、公正性和效率，如何防止 DAO 被攻击或操纵，如何解决 DAO 内部的冲突和分歧等。

3. 社会层面

Web3.0 的社会影响还不够广泛和深刻，需要应对一些法律、监管、伦理等问题。比如，如何保护用户的隐私和权益、如何防止非法和不道德的行为、如何促进社会公平和包容等。

- 用户的隐私和权益问题：Web3.0 的一个优势是让用户拥有自己的数据，并可以自主地控制数据的使用和共享。但是，这也带来了一些风险，如用户可能不清楚自己数据的价值和风险，可能被诱导或欺骗授权数据给不可信的第三方，可能因为数据泄露或丢失而遭受损失等。因此，Web3.0 需要建立一些机制来保护用户的隐私和权益，如提供数据使用的透明度、可撤销性、可追溯性等。

- 非法和不道德的行为问题：Web3.0 的另一个优势是让用户可以越过中心化平台直接自行评估和处理内容，并可以自由地创作并将内容数据等随意发送到其他平台。但是，这也带来了一些风险，如用户可能接触到一些非法或不道德的内容，如色情、暴力、诈骗、版权侵权等；可能因为参与这些内容而触犯法律或道德规范等。因此，Web3.0 需要建立一些机制来防止或减少非法和不道德的行为，如提供内容过滤、举报、惩罚等。

- 社会公平和包容问题：Web3.0 的最终愿景是让每个人都能掌握自己的（数字）身份、资产和数据，进而掌握自己的命运。但是，这也需要面对一些现实的障碍，如用户可能因为地域、经济、教育等因素而无法获得 Web3.0 所需的基础设施、技能或资源，可能因为文化、语言、信仰等因素而无法融入 Web3.0 所构建的社区或组织等。因此，Web3.0 需要建立一些机制来促进社会公平和包容。